Le Cycle
LA REVUE DES SPORTS

Paris — 12, CHAUSSÉE-D'ANTIN, 12 — Paris

SOUVENIR DES GRANDES MANŒUVRES

Pneu Michelin a été choisi par le capitaine Gérard pour ses bicyclettes pliantes.

ET
LA REVUE DES SPORTS

RÉDACTION ET ADMINISTRATION :

PARIS
12, Chaussée d'Antin, 12

BRUXELLES
77, rue de Jérusalem, 77

ABONNEMENTS :

France : Un an, **9** fr. ; Six mois, **5** fr. | Étranger : Un an, **15** fr. ; Six mois, **8** fr.

CYCLISME

LE MACTH FRANCO-ALLEMAND

Huret est encore meilleur cette année qu'en 1895.

Voilà la première constatation que l'on puisse faire après sa splendide victoire de dimanche. Quoiqu'il se soit mis très hâtivement en forme, à aucun moment il n'a donné le plus petit signe de défail-

lance. Et cependant il a battu de plus de 8 kilomètres le précédent record des 6 heures, a approché de très près tous les records jusqu'aux 100 kilomètres et enfin est descendu de machine dans un état de fraîcheur remarquable.

Sa victoire est d'autant plus belle qu'il a eu affaire à un adversaire de classe supérieure, j'ai nommé Fischer.

Ce dernier était très connu par toutes ses victoires sur route. Vienne-Berlin, Vienne-Trieste, et combien d'autres parcours n'ont plus de secrets pour lui. C'est le meilleur routier allemand, bien au-dessus de son camarade Gerger, qui pourtant a gagné en 1895 la course Bordeaux-Paris, battant tous les temps précédents. On se rappelle que, dans cette même course, Fischer était parti et avait fait les premiers 100 kilomètres en compagnie de Gerger. Un accident seul l'avait forcé à abandonner.

Fischer n'a pas sur piste la même valeur que sur la route. Il en est de même du reste pour Gerger, mais la différence est moins sensible, car il ne faut pas oublier que Fischer aussi a battu le record des 6 heures que Huret détenait depuis le jour où il battit, à Bordeaux, le record des 24 heures. Il colle beaucoup plus mal que son compatriote à la roue des entraîneurs et si ce dernier n'a pas été très bien entraîné, que dire de ce malheureux Gerger qui souvent a été forcé de se mener lui-même le train ou de coller tantôt à celui-ci, tantôt à celui-là. Il faut le féliciter de son bon sens sportif, qui l'a poussé à mettre ses propres triplettes au service

de Fischer qu'il savait meilleur que lui et plus propre à disputer la victoire.

Quant à Baugé, je crois bien qu'il est surentraîné. Déjà, dans son match avec Tom Linton, quoique l'on ait pu dire, sa victoire n'avait paru très aisée. Dimanche il n'a pu couvrir que 85 kilomètres en 2 heures, alors que huit jours auparavant il en faisait 90.

Il paraît qu'il souffrait de violents maux d'estomac et que la défaillance incompréhensible qu'il a eue dans le courant de la quatrième heure provient de ce malaise qui l'avait empêché de prendre une nourriture substantielle. Je crois plutôt que Baugé s'entraîne trop dur. Marcher derrière des triplettes ou des quadruplettes pendant une heure chaque jour devient très fatiguant à la longue. C'est pourquoi je crois qu'il faut surtout attribuer la mauvaise course de Baugé à son état de fatigue. Quand un coureur est *over trained*, pour employer la locution anglaise appliquée aux chevaux de course, le mieux est un repos immédiat. Il faut cesser tout travail, et au lieu de marcher à 45 kilomètres à l'heure, se promener sur route à 15 à l'heure. Petit à petit on se remet. La belle saison approche à grands pas : qu'arrivera-t-il à tous les coureurs qui n'ont pas pris de quartiers d'hiver ? Combien pourront se maintenir en forme ?

D'ici un mois, le vélodrome des Arts Libéraux sera probablement fermé. Les pistes en plein air seront ouvertes. Le Vélodrome de la Seine, entièrement refait, deviendra le centre (un centre un peu éloigné, je l'admets) de la vélocipé-

die parisienne. J'ai été dernièrement vi-
siter les travaux ; ce sera merveilleux. La
piste est presqu'achevée : les lignes droites
sont déjà cimentées et l'on termine les
terrassements des virages. Je dis des virages, je devrais dire des murs. Je sais
qu'il est très difficile de contenter tout le
monde, mais je crois bien que ceux qui
se plaindront du relèvement seront à
classer parmi les aliénés. La coupe des
virages a été calculée de manière à per-
mettre des vitesses de plus de 70 kilomètres à l'heure. Nous n'en sommes pas
encore là.

Les lauriers des Arts Libéraux seront
vite oubliés. Les victoires des Johnson,
Banker (ne sont-ils pas tous deux en Europe), Protin, Houben, Jaap Eden et,
espérons-le, de nos compatriotes, feront
pâlir les plus retentissantes journées de
cet hiver. Le soleil se mettra aussi de la
partie et je crois que tout le monde est
de mon avis : il n'y a rien de tel qu'un
rayon de soleil pour donner du succès à
une fête.

En attendant, je reviens au compte-
rendu de la course de six heures.

Dès le départ Huret prend la tête et
mène très rapidement. Baugé, puis Fischer et Gerger sont légèrement décollés,
mais reviennent sur le leader et les quatre
antagonistes marchent de conserve. Pas
pour longtemps, car au 11e tour les deux
Allemands sont décollés, et ce n'est qu'au
20e tour que Fischer parvient à recoller à
Huret. Gerger est doublé peu après. Au
20e kilomètre, Huret et Baugé doublent
Fischer. Mais quelque temps après, ce
dernier est lâché à son tour. Fischer parvient même à le rejoindre et à lui prendre un tour.

Au coup de pistolet, Huret a 45 k. 751 m.
à son actif, Fischer 45 k. 100 ; Baugé
44 k. 666 et Gerger 43 k. 333.

La seconde heure a été plus monotone.
Gerger sans entraîneur, se laisse doubler
plusieurs fois. Fischer une seule fois.
Huret couvre 90 kil. et Fischer 88 k. 666.

Pendant la troisième heure le public
arrive, et le vélodrome est absolument
bondé. Les 100 kilomètres sont couverts
en 2 h. 13'57" et à partir de ce moment,
tous les records dégringolent. Gerger a
une défaillance qui dure plus d'un quart
d'heure, Baugé en profite pour augmen-
ter son avance. Une chasse terrible s'engage entre les deux premiers. Huret
prend un cinquième tour à son adversaire.

La seconde moitié de la course commence. Baugé ne marche presque plus.
Gerger de même. Fischer qui a encore
rien pris, demande à boire pour la première fois. Huret en profite pour lui
prendre de l'avance, puis un tour, puis
un autre. Il faut dire que Fischer avait
dû changer de machine.

La quatrième heure s'achève ainsi :
Huret a sept tours d'avance sur Fischer
et le record des quatre heures avec
173 k. 240. Bien entendu, le record du
monde des 100 miles, détenu par Lesna
en 3 h. 52'95" est abaissé à 3 h. 39'29" 175.

Au début de l'heure suivante, Huret
décolle Fischer. Mais celui-ci revient très
bien et rattrape son rival. Son compatriote Gerger passe son temps à manger
et à boire. Jacquelin marche à côté de
Baugé et l'encourage de la voix. Mais un
faux mouvement les fait tomber tous deux
dans leur virage, car celui-ci est blessé
aux deux genoux et ne peut remonter en
machine. Il abandonne après avoir couvert 170 kilomètres. Il était troisième
avec sept tours d'avance sur Gerger.

A la fin de la cinquième heure, Huret
a couvert 210 k. 771 m. et Fischer 207 k.

405 m. Le record était détenu par Michael
avec 202 k. 843 m.

La dernière heure commence. Gerger
qui doit être excellent sur le grand fond,
marche très bien et se dédouble même de
deux tours sur les deux premiers. Les
150 miles sont couverts en 3 h. 36'29".

Quelques minutes avant la fin, Huret
et Fischer activent l'allure. Dans le dernier tour, le premier part en emballage
et passe le poteau avec 50 mètres d'avance
sur Fischer.

Voici le classement :

1er Huret, avec 250 k. 405.
2e Fischer, 246 k. 666.
3e Gerger, 225 k. 666.
4e Baugé (tombé).

Le record du monde (242 k. 300) est
donc battu par Huret et Fischer.

Comme l'un des équipiers français n'a
pas achevé le parcours et quoique le
nombre des points soit le même, c'est
l'équipe allemande qui est classée première.

Dimanche prochain, match Jacquelin-
Gougoltz.

Il y a bien longtemps que nous avons
vu Gougoltz à Paris. Il a gagné quelques
courses dans le Midi, mais je ne crois
pas qu'il soit dans une forme suffisante,
pour battre Jacquelin.

Spectator.

VÉLOCIPÉDIE MILITAIRE

Notre gravure représente une scène
des grandes manœuvres dernières où la
vélocipédie a joué, pour la première fois,
un rôle très important.

Le premier peloton de cyclistes opé-
rant comme combattants, sous les ordres
du capitaine Gérard, appartenait à la
4e Division d'Infanterie, 2e Corps d'armée.

L'application des théories déjà émises
dans ce journal en 1894, par ce peloton de
25 hommes eut un plein succès. Dans la
première manœuvre, les plus incrédules
furent convaincus, et la presse entière fut
unanime à saluer l'aurore brillante et pleine
de promesses de la vélocipédie militaire.

Partout le combattant cycliste est à l'ordre du jour. Les peuples les plus reculés,
qu'ils soient Japonais ou Boers, comme
les plus grandes puissances européennes,
utilisent les cyclistes militaires.

Mais le record du cyclisme militaire ap-
partient incontestablement à la France,
grâce à un de ses officiers les plus dis-
tingués le capitaine Gérard, qui aura eu
l'honneur de doter son pays de la bicyclette pliante, engin merveilleux appelé à
rénover notre tactique moderne.

Grâce à lui, en effet, nous verrons
bientôt rouler sur les routes de France des
compagnies de vélocipédistes, qui, le jour
venu, constitueront un appoint considérable à la défense nationale.

Très soignée comme construction, la
bicyclette pliante du capitaine Gérard

défoncées par les lourds chariots, rechargées de pierres tranchantes, rien n'a pu opposer à leur marche.

Seules, les bicyclettes à cadre de l'artillerie ont dû s'arrêter ; elles avaient encore 600 kilom. à parcourir alors que les bicyclettes pliantes du capitaine Gérard avaient terminé leurs parcours.

C'est un véritable succès et nous nous en réjouissons, car il va affirmer définitivement l'utilité de la vélocipédie militaire et amener enfin la création des troupes de cyclistes que le *Cycle* a préconisée depuis longtemps déjà et qui vont donner plus d'extension encore au sport vélocipédique.

Avec la bicyclette pliante a été résolu un autre problème, celui de l'accouplement de deux machines. Cet accouplement dénommé « Le sociable » permet de ramener un cycliste blessé, de faire *instantanément cycliste* quiconque n'a jamais monté à bicyclette, de transporter les sacs des cyclistes, des engins de destruction et de diminuer encore l'allongement de la colonne des cyclistes, quand loin de l'ennemi ces troupes doivent marcher au milieu des autres armes.

C'est encore le capitaine Gérard et M. Charles Morel, le constructeur des bicyclettes pliantes qui ont réalisé cet instrument qui donne à la fois la solution d'un problème militaire et d'un problème... conjugal.

Rigides dans le sens latéral, les 2 bicyclettes accouplées conservent leur équilibre instable, virent aussi facilement que si elles étaient séparées et offrent en même temps aux cyclistes la stabilité d'une voiture à 4 roues.

La bicyclette pliante, outre les problèmes qu'elle a permis de résoudre, les arguments qu'elle a permis de combattre, vient, grâce aux bandages employés pendant les expériences sur 3,600 kilom. faites par ordre du Ministre de la Guerre, de démontrer que le *pneumatique arrête bien moins souvent un cycliste que le caoutchouc creux.*

Voilà une vérité qui aura mis longtemps à se faire jour !!

Pendant les manœuvres, le peloton de cyclistes du 86e avait des caoutchouc creux et quelques bandages pneumatiques choisis parmi les meilleurs pneus Michelin. Or, des caoutchoucs creux se décollèrent et souvent les pneumatiques se crevèrent plus ou moins. Seul, le bandage pneumatique ne demanda aucune réparation et ne provoque aucun ennui.

Dans leurs rapports sur les manœuvres, le capitaine Gérard comme le lieutenant Saumade dans l'Est concluaient au rejet définitif du creux.

Le pneumatique avait donc enfin des chances de pénétrer lui aussi dans l'armée, les expériences qui viennent de se terminer à Joinville lui ouvrant maintenant la porte toute grande.

Tandis que les machines montées avec des creux suivaient difficilement, qu'il y avait chaque jour un ou 2 et même 3 caoutchouc décollés, répartition impossible à faire en route, que ces machines enfin devaient s'arrêter pendant 8 jours de suite à cause de l'état des routes, les machines montées sur des pneus continuèrent le parcours sans aucun arrêt quel que fut l'état du temps et des routes.

Pour ces expériences si importantes, le capitaine Gérard, à la suite de celles faites aux manœuvres, avait choisi entre tous, comme le meilleur, le plus facilement démontable, le mieux construit, le pneumatique Michelin appelé désormais à être adapté aux machines militaires de compagnies de vélocipédistes dont la formation n'est plus maintenant qu'une question de temps.

Capitaine R.

AUX LECTEURS

La direction du CYCLE ET DE LA REVUE DES SPORTS tient à remercier ses lecteurs et amis des marques de sympathie et des encouragements précieux qui lui sont parvenus depuis le jour de sa fusion.

En dehors des adhésions nombreuses de nouveaux abonnés, ces témoignages amicaux constituent à ses yeux la plus flatteuse des récompenses et comme une sorte de consécration officielle.

LE CYCLE ET LA REVUE DES SPORTS est désormais le mieux informé, le plus littéraire, le plus artistique et conséquemment le plus lu et le plus accrédité des organes sportifs.

Il n'est pas de sacrifices que ne se soit imposé la direction pour arriver à ce résultat, aussi bien en groupant autour d'elle des artistes et des écrivains autorisés qu'en ménageant l'intérêt et la variété de ses rubriques.

Mais son principal souci est d'être utile à ses abonnés; c'est pourquoi, dans cette maison qui est la leur, les communications et les demandes par eux adressées sont accueillies à colonnes ouvertes.

Dans un même but pratique, près de deux cent-quarante itinéraires indispensables au touriste, ont jusqu'ici paru encartés dans chaque numéro, itinéraires que nous tenons à la disposition de tous et dont nous poursuivons hebdomadairement la publication; sous peu, paraîtra une carte d'ensemble avec le numéro d'ordre de chacun de ces itinéraires de façon qu'il puisse être répondu plus sûrement aux demandes qui en seront faites.

Nous établirons dans un prochain numéro la liste des primes auxquelles aura droit en 1896 tou abonné inscrit avant le quinze avril

Au feu !!... Au feu !!!..

Informations

JAAP J.-EDEN

Jaap Eden est arrivé à Paris la semaine dernière. Il est champion d'Europe pour le patinage et le cyclisme. Après avoir rendu visite au *Paris-Vélo*, il s'est rendu au Vélodrome d'Hiver, son intention étant de s'entraîner sur une piste pendant toute la saison. Il continuera toutefois de courir à l'étranger et plus particulièrement en Hollande et en Belgique. Pour ce qui est du patinage, il compte se remettre en forme au Palais-de-Glace.

MOUSSET

Mousset qui est pour ainsi dire tout à fait rétabli a décidé de rentrer à Paris à la fin de ce mois, si la température le lui permet, et de s'y consacrer entièrement à la musique.

A SPA

Le Vélodrome de Spa va rouvrir ses portes dans le courant du mois prochain. Pour cette réouverture, l'administration a décidé en principe l'organisation d'un grand meeting vélocipédique. Au programme figureront des épreuves pour amateurs et professionnels de vitesse et de demi-fond.

HURET

Dans son match de six heures contre Gerger-Fischer, Huret a battu tous les records depuis 100 kilomètres jusqu'à six heures, couvrant 250 kil. 405 dans ce laps de temps.

LA FÊTE DE L'U. S. F. S. A.

Mercredi, a eu lieu la fête de l'U. S. P. S. A., quoique intime cette soirée a pleinement réussi. Une cinquantaine de convives se sont présentés au banquet. Au dessert de nombreux discours ont été prononcés parmi lesquels nous notons ceux de M. de Coubertin, de M. Lejeune et de M. Faye qui a pris la parole au nom l'Union Vélocipédique Scolaire.

Vint ensuite le concert qui, grâce au concours de Mmes Anna Thibaud, Marguerite Derval, etc., et de MM. Paulin Matrat, Hoan, etc., a remporté le plus grand succès.

JOHNSON

Johnson, champion américain de skating et de cyclisme, est arrivé à Hambourg samedi dernier. Il était accompagné de Tom Ecke, son entraîneur, de sa femme, de Weinig, coureur de longue distance, des Flource, de Hay Mac Donald et d'Antoine Johnson, son frère.

Johnson se propose de battre tous les records de courte distance et pour cela il a amené avec lui une quintuplette qui servira à l'entraîner.

UNION VÉLOCIPÉDIQUE SCOLAIRE

La Commission d'administration et la Commission de Tourisme nous prient de rappeler aux membres de l'U. V. S. que

c'est après-demain qu'aura lieu l'excursion à Versailles par Choisy-le-Roi.

Départ du Siège social à 7 heures de l'après-midi et à 1 h. 1/2 du pont de Charenton.

LE BAL DES INCREVABLES

Ah ! mes enfants !

Que de surprises, ce que ça roule !

Imitant la discrétion de mes confrères, je ne dirai rien et pourtant j'en sais ! d'abord qu'un comité de patronage se forme, prenant au hasard ses membres à l'Omnium, à l'Artistic, à l'A. P. C., que ce comité distribuera des prix superbes aux costumes les mieux réussis. Allons, petites cyclistes, sus aux coutumières, je ne veux pas vous dire quels prix l'on donnera, toujours à cause de la discrétion, mais enfin il y aura une bicyclette de dame donnée par l'A..., un objet d'art donné par l'O..., mais je ne veux rien dire, cependant si encore un, une douzaine de mouchoirs pour éponger le front de Peujat, l'infatigable secrétaire des Increvables.

Et la loterie, 15,000 billets placés en 10 jours ; le siège social, rue Bergère, n'en possède plus un seul.

Et puis encore, mais décidément je ne dirai rien.

J. POISSON.

AMATEURISME

LE RALLY DE L'A. V. A.

Le rally-paper de l'A. V. A. a eu un très grand succès. Un grand nombre de personne ont assisté au banquet et à la fête qui a suivi la course.

Trente concurrents ont disputé celle-ci. Le parcours, agrémenté de plusieurs fausses pistes comprenait une vingtaine de kilomètres. Il passait par la Croix-de-Noailles, l'étoile du Grand-Veneur, le passage à niveau d'Achères, allait à Maisons-Laffitte, longeait le pays et revenait par la route de Maisons à Poissy où se faisait l'arrivée.

Voici l'ordre d'arrivée :

1. R. Madden U. V. P. ; 2. Grèterin A. V. A. ; 3. Terris A. V. A. ; 4. Albert Duchamp A. V. A. ; 5. de Lafrete A. V. A. ; 6. Fribourg U. V. P. ; 7. Brun U. V. P. ; 8. Boullay A. V. A. ; 9. Dulac A. V. A. ; 10. Audefroy A. V. A. ; 11. J. Nuwendam A. V. A. ; 12. Freppet A. V. A. ; 13. A. Nuwendam A. V. A. ; 14. Duttone A. V. A. ; 15. Charlin A. V. A. ; 16. Ménétrier Ballade Cycliste ; 17. Maignien A. V. A. ; 18. Vermonde B. C. ; 19. Le breton S. P. ; 20. Holack A. V. A.

Soixante cinq personnes ont assisté au banquet qui a eu lieu dans l'île de Poissy. Après ce repas, des danses, chansons et jeux ont occupé toute l'après-midi.

* * *

Les courses d'entraînement
Association Vélocipédique Parisienne

Il nous a semblé curieux de nous enquérir près des maîtres de la plume et des artistes en renom au sujet de la Reine Bicyclette. M. Paul Féval fils a bien voulu se charger de cette enquête et a recueilli de curieux autographes que nous reproduirons chaque semaine dans nos colonnes.

A tout seigneur tout honneur, la parole est à Emile Zola.

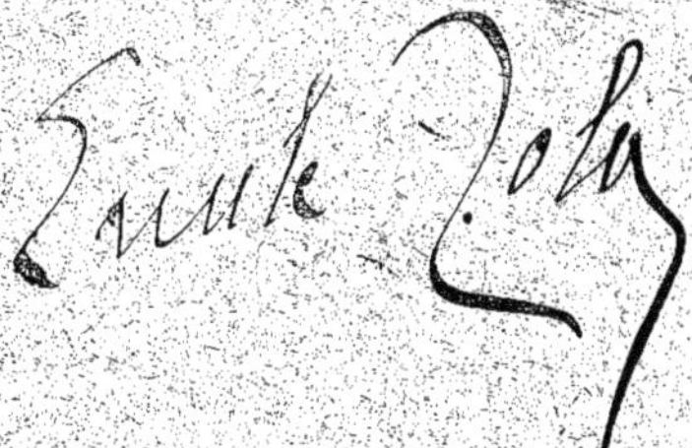

J'aime la bicyclette pour l'oubli qu'elle donne. J'ai beau marcher, je pense. A bicyclette je vais dans le vent, je ne pense plus, et rien n'est d'un aussi délicieux repos.

Emile Zola

Mon cher Féval,

La bicyclette est délicieuse. Mais comment se fait-il qu'un instrument si fin, si léger, si gracieux rende tous ceux qui s'en servent si vilains ? Car, il n'y a pas à dire, l'autre jour, je suis passé devant une glace...

Bien à vous,

PIERRE VALDAGNE.

**

Mon cher confrère l'être humain en quête d'un nouveau moyen de s'enlaidir accueillit avec transport l'invention de la bicyclette. J'avoue pourtant que, si ridicule qu'on soit, juché sur le cheval de fer, on éprouve la joie saine de dévorer l'espace, je n'en voudrais donc pas à l'instrument si je ne songeais au vrai cheval. Quel sort sera celui du plus beau de nos animaux domestiques quand il ne servira plus du tout ? En fera-t-on des biftecks ?

Tout votre.

PAUL SERRE.

**

A LA BÉCANE

Sur ma fidèle rudge aux virantes pédales,
Circonvolvant mes sandales loin des scandales,
Loin des bruits de la ville et des troubles égouts,
Je cours vers la forêt et les horizons flous,
Bête joyeuse ouvrant les yeux et la narine...
Et l'ozone du ciel élargit ma poitrine,
Chassant le spleen du crâne, et, du cœur, les dégoûts.
O Bécane, que Dieu garde ton pneu des clous !

EMILE GOUDEAU.

Cher confrère,

Je fais, quand j'ai le temps, de la bicyclette et je trouve sain et attirant, entraînant presque poétique par la légèreté et les sensations qu'il nous donne cet exercice délicieux. Voilà tout ce que j'en peux dire. Le vélocipède est le cheval du pauvre.

Cordialement à vous,

JULES CLARETIE.

**

Paris, le 15 avril 1895.

Mon cher confrère,

Vous me demandez ce que je pense de la Bicyclette, Voici :

Après avoir été très réfractaire — je m'en repents sincèrement. — A ce sport, je suis devenu sinon l'un des plus habiles à le pratiquer — non, je suis un simple et modeste amateur — du moins l'un des plus fervents du plaisir qu'il procure. C'est délicieux... un point, c'est tout !

Veuillez, mon cher confrère, croire à mes meilleurs sentiments.

PIERRE DE LANO.

Madame Absalon

Du danger de pédaler en laissant flotter ses cheveux ou le record de l'arrêt instantané.

AUTOMOBILISME

TRICYCLE ELECTRIQUE
LA BICYCLETTE MÉCANIQUE D'ÉDISON

Jusqu'ici, l'application des moteurs électriques à la locomotion automobile n'a pas donné de résultats bien pratiques, soit à cause du poids mort assez grand des piles, soit par suite de la difficulté que l'on éprouve à recharger, en cours de route, les accumulateurs.

L'on a vu paraître tour à tour le tricycle électrique de M. Trouvé, le dog-cart du Sultan. À la course d'automobiles Paris-Bordeaux, étaient inscrites les voitures électriques Garrard et Blumfield, et celle du comte Tarli. Malheureusement ces véhicules n'ont pu figurer à temps au concours du *Petit Journal* où ils auraient été certainement les plus remarqués.

Un journal d'Amérique nous apporte quelques renseignements sur un nouveau tricycle électrique.

Dans ce tricycle, la roue d'avant est la roue motrice.

Sur la fourche est placé le moteur électrique. La roue d'avant est double, et contre ses deux parties, est calée sur l'axe, une roue dentée de grand diamètre. C'est cette roue qui reçoit, par une chaîne de transmission, le mouvement du moteur électrique.

Les deux roues d'arrière sont beaucoup plus petites que la roue d'avant; elles sont reliées à cette dernière par un solide bâti formé de deux forts tubes d'acier.

Sur ce bâti, dans une petite caisse, sont placés les accumulateurs qui donnent l'énergie au moteur. Un siège très confortable, pouvant recevoir deux personnes, est monté à l'arrière. Le nouveau tricycle électrique se dirige comme à l'ordinaire, au moyen d'un simple guidon.

Ce tricycle nous semble surtout destiné aux courses et aux promenades à travers les lieux habités, par suite de l'obligation où l'un se trouve de recharger bientôt les accumulateurs.

Disons pour terminer quelques mots d'une invention, dont on n'a pas encore beaucoup parlé en France quoiqu'elle y soit déjà apparue; la bicyclette mécanique d'Édison.

Cette bicyclette, unique en son genre, fonctionne à l'aide d'un ressort, absolument comme les petites bicyclettes ou tricycles que vendent les marchands de jouets. Du reste, la cause de son invention est aussi curieuse que le moteur même.

À Menloo Park, où est installé le laboratoire d'Édison et aussi son habitation particulière, la disposition des lieux est telle que l'usine et la maison d'Édison sont séparées par une distance d'environ 300 mètres. De plus une différence de niveau de 20 mètres rend cette promenade encore plus difficile et plus fatigante. Aussi le grand inventeur américain, désireux de s'épargner l'ennui de la montée, a inventé un mouvement d'horlogerie dont il a adapté l'axe moteur à l'axe même de la roue motrice d'une bicyclette.

Le ressort de ce mouvement est tendu, remonté comme une montre par une des machines de son laboratoire. L'énergie s'y trouve donc accumulée et y reste ainsi emmagasinée jusqu'au moment du départ. Alors, on prend place sur la selle, on lâche le cran d'arrêt et la bicyclette se met en marche aussi longtemps qu'il y a encore de l'énergie dans le ressort. Le sommet de la côte se trouve ainsi atteint sans fatigue.

Mais cette bicyclette est encore fort ingénieuse à un autre aspect. Elle est réversible en quelque sorte. C'est-à-dire que, si on lui fournit de l'énergie, on peut en accumuler dans le ressort.

Ce cas se présente dans une descente, un peu rapide. Par un embrayage ad hoc, on accumule dans le mouvement d'horlogerie la force que l'on a en trop pour la descente, et l'on obtient ainsi une vitesse modérée. Comme une pente est souvent suivie d'une montée, à la côte suivante, on se trouve avoir de l'énergie amassée pour aider dans une large mesure les pédales et les forces du cycliste.

Nous avons vu en France une bicyclette mûe également par un mouvement d'horlogerie.

D'après les renseignements fort succincts qui nous ont été donnés, cette bicyclette pouvait marcher pendant une heure entière sans avoir besoin d'être remontée. Ensuite, il fallait remonter le mouvement pendant deux heures pour la mettre en état de fournir une course nouvelle.

Quoi qu'il en soit, les bicyclettes mécaniques, de même que les bicyclettes, tricycles ou autres véhicules électriques, ont besoin d'être souvent, soit remontées, soit rechargés, en cours de route pour pouvoir continuer à marcher. Certes, c'est là une nouvelle et ingénieuse idée que l'application du mouvement d'horlogerie aux véhicules automobiles : ce moteur ou plutôt cet accumulateur d'énergie est en effet fort léger et très simple à mettre en marche, pourvu que l'on ait à sa disposition une source de force suffisante.

Dans le même ordre d'idée, on pourrait, il nous semble, employer comme moteur un volant, accumulateur aussi léger, sinon plus, que le ressort. Supposons en effet un volant de 60 kilogr. et de 0^m15 cent. de rayon; sa puissance vive sera donnée par la formule

$$\frac{M}{g}\left(\frac{2\pi n}{t}\right)^2$$

ce qui donne environ 77,310 kilogrammètres; soit environ 1,288 kilogrammètres par kilogramme de volant. Aucun moteur ne fournit une aussi grande force. Là encore, cependant et quelque séduisante que paraisse l'idée, on se heurte aux difficultés de trouver des sources d'énergie. Quand, dans l'avenir, il y aura sur les routes autant de stations d'électricité que d'auberges et d'hôtels, les rêves d'aujourd'hui pourront devenir des réalités. Jusque-là, tenons-nous aux véhicules à pétrole et à vapeur ou même à la simple cyclette à pédales.

RENÉ DUPLESSIS,

Animation inaccoutumée depuis quelques jours dans nos principaux clubs. On ne parle que d'excursions, courses sur piste et sur route, aussi cette semaine nous ne mentionnerons que les projets de nos principales sociétés.

LES F. C. WHITE ROVERS

Samedi à 7 heures et demie plus de cent convives se trouvaient réunis dans les vastes salons de l'Hôtel Terminus. Ce banquet a été suivi d'un concert très réussi.

Parmi les convives :
MM. Branby, Froysse, Chaudron, Tabbit, Bloomny, Stewart, Willan, Stevens, Green, Newson.

On a chanté le *God Save the Queen* et *la Marseillaise*.

LES SANS-SOUCI

Un club de Bois-Colombes, les Sans-Souci, paraît devoir aller de l'avant aussi donnera-t-il une course de classement dimanche prochain à la piste municipale.

UNION ATHLÉTIQUE DU Iᵉʳ ARRONDISSEMENT

L'Union athlétique du Iᵉʳ arrondissement a fait courir une épreuve merveilleusement réussie.

Voici les résultats :
1. Bourotte 45'. 2. E. Leclerc-P. Bor (tandem) à 30". 3. Morel. 4. Chaillou jeune. 5. Évrard. 6. Chaillou aîné. 7. Cime. 8. E. Bor. 9. Olivier.

À L'A. V. I.

Course d'entraînement à l'A.V.I. Départ Grille du Bois de Boulogne, virage au Point-du-Jour et retour.

Résultats :
1. S. de Heredia. 2. O'Sloan. Temps 23'50". 3. Vaton. 4. Pharamond. 5. Gunnenberger. 6. Boumard.

N. P. : Rosenlecker, Moreau, Cloret, Grosjean, abandonné; Planet, crevé; Ollier, tombé par la maladresse d'un charretier.

JOYEUX EXCURSIONNISTES

Les Joyeux ne feront pas de pétard jeudi prochain 19, mais une assemblée extraordinaire aura lieu à 9 h. du soir au Café du Commerce, 54, rue de Sèvres.

À L'ASSOCIATION VÉLOCIPÉDIQUE DE L'ENSEIGNEMENT

Mardi à 9 h., réunion mensuelle au café de la Pépinière.

À L'UNION VÉLOCIPÉDIQUE DE LA BASTILLE

La commission sportive de l'U. V. B. a décidé qu'une course serait disputée le dimanche 19 avril sur l'itinéraire ci-dessous :

Départ à 8 heures du matin, au-dessus de Villiers-sur-Marne, sur Malnoue, Croissy, Jossigny, Serris, Villeneuve-le-Comte. Contrôle à la pyramide de forêt de Crécy. Retour par la même route au point de départ. Distance 52 kilomètres environ.

Jardain,

Monsieur Tarte

M. Tarte s'assit près de moi sur la banquette de velours, il soufflait comme un phoque et de grosses perles de sueur brillaient sur son front chauve.

Tous les soirs je le rencontrais au café où il restait une heure devant son lait chaud, le nez en l'air, l'œil éteint. Il ne parlait jamais à personne mais poussait de vilains grognements sourds en frottant sur le parquet ses pieds immenses.

On sentait qu'il y avait quelque chose dans la vie de cet homme qui l'anéantissait et le rendait pareil à un enfant; et quelque chose était Mme Tarte, une grosse créature à moustaches, plus vilaine qu'il n'est permis.

Ce monstre nous stupéfiait de terreur, on sentait l'âme qui remplissait ces opulentes rondeurs véritablement née pour dominer les êtres, et chacun plaignait le misérable dont la vie était ainsi à tout jamais brisée.

L'homme ne disant mot s'inclinait, la femme agrandissait chaque jour le champ de ses prétentions, et nous, nous détournions la tête, le sexe fort reniait ce faible.

Un soir pourtant la face des choses changea brusquement, le couple était assis à sa place habituelle. M. Tarte buvait une absinthe un joli Pernod sucré qui semblait éclairer de ses reflets la face abrutie du pauvre sire et lui lançait comme de grands coups de soleil dans le crâne.

Mme Tarte ne se doutait pas de la transformation qui s'opérait en lui, les mains croisées sur sa vaste poitrine, elle paraissait plus puissante que jamais, mais nous sentions un orage sous ce calme.

La duègne parla.

« Camille le printemps commence, le médecin me recommande de l'exercice, j'ai décidé que nous achèterions un tandem, nous ferons tous les jours un tour d'une heure au bois. Demain vous vous metterez en quête d'une machine à la fois légère et solide. »

M. Tarte leva les yeux, durant une seconde on vit ses grosses lèvres nerveusement serrées, il frappa sur la table et hurla.

« Jamais ! »

Puis le mâle se révéla.

« Etes-vous folle, vous voulez faire de la bicyclette, un paquet de votre espèce, un porc à l'engrais comme vous. Vous avez entendu, Monsieur, fit-il, en me secouant le bras, elle veut faire de la bicyclette, elle a eu le toupet de le dire ici en plein café pour me couvrir de ridicule, vous l'avez entendu, que pensez-vous de cela ? Vous n'en pensez rien ? Mais si vous en pensez quelque chose. Vous ne pouvez pas ne pas en penser quelque chose ! »

Et tandis que je touchais légèrement mon chapeau, M. Tarte sortit écarlate, suivi de Mme Tarte qui était verte.

Le souvenir de cette histoire vieille de trois mois me donne encore la petite mort, lorsqu'il m'arrive de songer à la tête que dû faire cet homme quand l'absinthe enfin digérée le laissa sans défense aux mains du monstre.

ANDRÉ KARÉLIS.

Hochet !

La décoration, le bijou, toute adjonction non indispensable à la toilette extérieure, est une concession à la vanité humaine. La créature pour échapper à la loi commune, il lui fallait un « hochet »; d'autant que la casquette anglaise qui lui sert de couvre-chef réclame un ornement quelconque pour en corriger la platitude et la laideur.

C'est au besoin de l'insigne qu'il faut attribuer la *clubomanie* qui sévit actuellement en France, et fait éclore par centaines, par milliers même, fédérations, sociétés et clubs vélocipédiques. On s'inscrit à ces derniers, on en paye la cotisation annuelle pour avoir simplement le droit de fixer à la casquette l'objet multicolore, argenté ou nickelé, d'un goût généralement douteux, qui en constitue le signe représentatif.

Le néophyte adhère au club dont l'insigne lui paraît être le plus joli : ceci est une faute, car il s'apercevra au bout de très peu de temps qu'en s'inscrivant, par exemple, à l'U. V. F., il s'est mis à dos tous les membres du T. C. F. qui sont trente mille ! et *vice versa*.

Car le monde vélocipédique est plus divisé encore que celui de la politique, et la guerre de fédération à fédération est aussi peu courtoise que possible; une courte lecture des organes spéciaux suffira pour se convaincre de ce que j'avance.

Le mieux serait donc de rester neutre et de garder son indépendance. Mais la chose n'est pas possible : l'insigne est indispensable, et, au risque de se brouiller avec son meilleur ami qui, s'il fait partie du T. C. F. ne vous pardonnera jamais d'appartenir à l'U. V. F., il faut faire un choix.

Je ne prendrai pas la grave responsabilité d'influencer votre opinion, à ce sujet.

G. DE LAFRETÉ.

LA QUESTION DU JOUR

Accourez tous, cyclistes et cyclowomen et dites-nous qu'elle est la bicyclette qui peut supporter un athlète d'une corpulence respectable portant à bras tendu quatre poids de cent kilos.

Ceux de nos lecteurs qui auront trouvé la solution juste auront droit à un abonnement de trois mois.

ÉPINAL

La dernière crue de la Moselle que nous avons subie ici a ravagé notre champ de courses. La piste mesurant 500 mètres de tour est profondément ravinée et exigera une réfection complète.

La partie de l'allée latérale où était installé le quartier des coureurs a été emportée.

Ce désastre retardera de beaucoup les courses projetées pour ce printemps.

L'arrêté réglementant la circulation des vélocipèdes est attendu avec impatience dans notre région, mais je sais de bonne source qu'il ne sera pas affiché avant quelque temps, l'impression n'en est même pas encore faite.

PRIVAS

Le championnat de fond de l'Ardèche qui devait se courir le 12 avril est remis au dimanche 3 mai. Les prix sont les suivants :

Médaille d'or, coupe en vermeil et deux médailles de bronze. En outre, des diplômes et des brevets seront délivrés aux coureurs.

Les engagements seront reçus jusqu'au jeudi 30 avril, chez le secrétaire de l'U. V. Privadoise.

AVESNES

— Dernières recrues de la vélocipédie féminine :

Mme Girard et M. Girard, docteur en médecine ; Mlles Sériot, filles du colonel du 84e ; Mme Flament-Besson ; Mme Chùtlard, femme de l'aide-major ; Mlle Reviu ; Mme Duc, femme du capitaine Duc ; Mlle Deshaye, Mme Deshaye, Mlle Sonnier, fille du receveur de l'enregistrement, etc., etc.

UZÈS

— La dernière réunisn a été tout particulièrement intéressante.

Au nombre des invités étaient M. Maroger, délégué du Touring-Club, qui a su conquérir toutes les sympathies.

M. Coulandre, juge d'instruction, a prononcé un discours. On s'est retiré fort avant dans la nuit.

BESANÇON

Trois élèves de l'école de l'Arsenal se rendaient à bicyclette à Buffard, quand arrivé auprès de Busy, l'un d'eux, M. Brunot, s'affaissa. Malgré tous les soins qu'on lui prodigua, il mourut quelques instants après.

CHAMBÉRY

— Hier soir, un jeune homme de notre ville nommé Evrot, préparateur à la faculté de Grenoble, est tombé de bicyclette à la descente des marches sur Chapareillan et s'est grièvement blessé à la tête et à la poitrine.

VILLEFRANCHE-SUR-SAONE

— Hier samedi, pendant un concert organisé dans notre ville au bénéfice de la société de « l'Enfance abandonnée », M. Rinuccini, le célèbre violoniste du théâtre de Lyon, arrivant à l'improviste de cette ville à bicyclette, est venu gracieusement exécuter, vêtu de son costume de vélo, deux morceaux qui ont transporté le public d'enthousiasme.

**

L'Union Vélocipédique Beaujolaise, faisant aujourd'hui sa première sortie de l'année sur Villefranche, a été accueillie avec enthousiasme par les membres du Vélo Club Caladois, réunis au café Decroix, place Claude-Bernard.

Ces deux sociétés ont, s'il est encore possible, resserré à cette occasion les liens de fraternité qui les unissent.

SAINT-ÉTIENNE

La Société des Sports va, paraît-il, se réveiller de la torpeur qui l'a tenue engourdie en 1895 et se propose d'organiser cette année plusieurs réunions de courses au vélodrome du parc de l'Estivalière.

— Le Vélo-Club Forésien attend les premiers beaux jours pour se réunir en assemblée générale, réélire son conseil et fixer en même temps sa première sortie mensuelle.

De nouveaux membres se sont déjà fait inscrire et le président, M. Guinard, espère bien recueillir encore nombre d'adhésions. De belles promenades sont en perspective.

REIMS

Le dimanche 22 mars sera donnée au vélodrome, obligeamment prêté par le Bicycle Club Rémois, une course d'artistes.

Au programme, entre autres épreuves, une course de 10 kilom. avec entraîneurs et un match féminin.

LIBOURNE

Williams s'est mis en piste aujourd'hui pour essayer de battre le record de 6 heures, appartenant à Huret par 242 kil. 200 m.

ÉTRANGER

BELGIQUE

La course d'entraînement Verviers-Dinant qui aura lieu le 26 avril prochain, promet d'être des plus intéressantes. Les organisateurs se sont acquis le bienveillant concours du Cercle des Etrangers de Dinant.

L'itinéraire de l'épreuve comporte 240 kilom. et est des mieux choisis : terrain plat à part deux montées assez fortes.

La course est accessible à tous coureurs et à tous genres de machines (bicyclettes, tandems, triplettes, etc.).

Un contrôle officiel d'arrivée sera établi à Ensival et l'arrivée définitive aura lieu au Café des Neuf-Provinces, Place Verte, à Verviers. Jusqu'ici sept coureurs français, quatre allemands, un hollandais et deux anglais se sont fait inscrire et les villes de Liège, Namur, Dinant et Verviers ont accordé des prix pour cette course qui, grâce au zèle habituel de ceux qui l'organisent, est appelée à un gros succès.

ANVERS

Nos coureurs vont se remettre d'ici à une huitaine de jours à l'entraînement sur la jolie piste du Vélodrome de Zurenborg. Les séances d'entraînement présenteront cette année un intérêt tout particulier, grâce à la présence sur piste d'équipes de triplettes et de quadruplettes mises gracieusement à la disposition des coureurs par l'Administration du Vélodrome, qui exige seulement d'eux qu'ils s'entraînent en maillot ; ces séances officiels d'entraînement auront lieu tous les jours à 5 ou 6 heures de relevée, suivant les saisons.

**

Luyten compte prendre part à l'épreuve classique Paris-Bordeaux.

LONDRES

Six demandes d'affiliation ont été reçues à l'Union Française Cycliste de Londres qui va bien, comme on le voit, et son comité est enchanté d'un tel succès. Le bulletin officiel du club paraît maintenant tous les samedis dans le *Courrier de Londres*, un organe très lu, publié à Londres tous les samedis en langue française et qui a mis gracieusement ses colonnes à la disposition de l'U. F. C. C. pour ses communiqués.

CASIER=BIBLIOTHÈQUE

POUR

LE NOUVEAU LAROUSSE ILLUSTRÉ

Pour répondre au désir d'un grand nombre de nos souscripteurs, nous avons fait confectionner par une des plus importantes maisons d'ébénisterie de Paris un **casier-bibliothèque**, très élégant et très soigné, destiné spécialement à contenir les sept volumes du **Nouveau Larousse illustré**.

Ce casier-bibliothèque se fait en noyer ciré ou en acajou ciré. Il peut être posé sur une table, sur un meuble, ou suspendu au mur. Facilement transportable, il permet d'avoir toujours sous la main le **Nouveau Larousse illustré**. Son prix modique le met à la portée de tous les souscripteurs.

Dimensions

Hauteur : 0ᵐ,47 — Largeur : 0ᵐ,55
Profondeur : 0ᵐ,31

Prix : 30 francs

Port et emballage en sus
(Poids : 10 kilos)

Payement : 10 francs par mois

(pour la France, l'Algérie, la Tunisie, l'Alsace-Lorraine, la Belgique et la Suisse)

Au comptant : 10 0/0 d'escompte

Voir au verso le bulletin de commande.

BULLETIN DE COMMANDE

Veuillez m'adresser un **Casier-Bibliothèque** *pour le* **Nouveau Larousse illustré,**
en noyer ciré — en acajou ciré (Biffer le mode non choisi), *au prix de* **30 francs** *(port et emballage en
sus), que je payerai :*

Par traites mensuelles de 10 francs, *la première le 5 du mois prochain*[1]. ⎰ Biffer le mode
Au comptant, *avec 10 0/0 d'escompte, contre remboursement.* ⎱ non choisi.

Nom ____   SIGNATURE :

Qualité ____

Adresse de l'emploi ________________________________

Domicile personnel ________________________________

Gare la plus proche _______________________________

A ________________________ , le ____________________

(1) Mode de payement valable seulement pour la France, l'Algérie, la Tunisie, l'Alsace-Lorraine, la Belgique et la Suisse. Le montant des
frais de port et d'emballage est ajouté à la première traite.

Remplir le bulletin ci-dessus et l'adresser à la

Librairie Larousse, 17, rue Montparnasse, Paris (6ᵉ)

OU A SON LIBRAIRE

NOUVEAU LAROUSSE ILLUSTRÉ

Bulletin de Commande 

Prix de l'ouvrage complet { **210 fr.** en volumes brochés. / **250 fr.** en volumes reliés.

Mode de payement

1° **Par traites de 10 francs par mois ou de 20 francs tous les deux mois,** *au choix du client,* pour la France, l'Algérie, la Tunisie, la Belgique, la Suisse et l'Alsace-Lorraine.

2° **Par traites de 25 francs tous les deux mois,** pour l'Allemagne, l'Autriche, la Hollande, l'Italie, l'Egypte.

3° Pour les autres pays, demander les conditions.

4° **Au comptant :** escompte de 10 %.

N. B. — Ne sont pas compris dans le prix de l'ouvrage indiqué ci-dessus les **Suppléments** qui pourront être publiés dans la suite.

Veuillez m'adresser (1) un exemplaire du **Nouveau Larousse illustré, en sept volumes,** au prix de :

210 fr. broché — avec casier-bibliothèque (2), **240** fr.
(acajou ciré ou noyer ciré)

250 fr. relié demi-chagr. — avec casier-bibliothèque (2), **280** fr.
(rouge, noir ou vert) *(acajou ciré ou noyer ciré)*
(Biffer les modes non choisis.)

que je payerai :
- Par traites de **10** francs par mois.
- Par traites de **20** francs tous les deux mois.
- Par traites de **25** francs tous les deux mois.
- Au comptant. (Ci-joint le montant total, moins 10 0/0.)

} Biffer les modes dont il ne doit pas être tenu compte.

Je m'engage à ne pas me dessaisir des volumes qui, jusqu'à parfait payement, resteront le gage des vendeurs.

Nom et qualité _______________________

Adresse de l'emploi _______________________ SIGNATURE

Domicile personnel _______________________

____

A _______________ , *le* _____________ 190

(1) Les envois sont faits *franco de port* en Europe, sur la côte nord de l'Afrique et aux colonies françaises. Pour les autres pays, les acheteurs ont à supporter une part de port qui varie de 5 à 10 0/0 du prix de l'ouvrage, et qui est ajoutée au montant de la facture. — Les frais de *douane* sont à la charge de l'acheteur.

(2) En raison des difficultés d'expédition et des frais de douane, le casier-bibliothèque ne peut être fourni que pour la France, la Belgique et la Suisse.

Remplir le bulletin de commande ci-dessus et l'adresser à la
Librairie LAROUSSE, 17, rue Montparnasse, Paris (6°)
ou à son libraire.

Ce Prospectus annule les précédents.

COLLECTION IN=4° LAROUSSE

Magnifiques ouvrages de bibliothèque

*Imprimés sur papier couché,
illustrés de nombreuses reproductions photographiques et accompagnés de planches
et cartes hors texte en noir et en couleurs. — Reliure artistique (format
du NOUVEAU LAROUSSE ILLUSTRÉ, 32 × 26)*

Payement : 10 francs par mois.

Atlas Larousse illustré
42 cartes en couleurs hors texte, 1158 reproductions photographiques. Broché, **26** francs. — Relié demi-chagrin. . . . . **32** francs

Atlas Colonial illustré
7 cartes en couleurs hors texte, 70 cartes en noir, 16 planches hors texte, 800 reprod. photogr. — Broché, **18** francs. Relié demi-chagr . . **23** francs

Paris=Atlas
par Fernand BOURNON. 595 reprod. photographiques, 32 dessins, 24 plans hors texte en huit coul. Broché, **18** francs. — Relié demi-chagrin . . **23** francs

L'Allemagne contemporaine illustrée
par P. JOUSSET. 588 reprod. photogr., 8 cartes en couleurs hors texte, 14 cartes ou plans en noir. Broché, **18** francs. — Relié demi-chagrin. . . **23** francs

La Terre, Géologie pittoresque
par Aug. ROBIN. 760 reprod. photogr., 24 hors-texte, 53 tableaux de fossiles, 158 dessins et 3 cartes en coul. Broché, **18** fr. — Rel. demi-chagr. **23** francs

Le Musée d'art (Des origines au XIXe siècle)
publié sous la direction de M. Eug. MÜNTZ, membre de l'Institut. 900 grav. phot., 50 planches hors texte. Broché, **22** francs. — Relié demi-chagrin. **27** francs

L'Italie illustrée
par P. JOUSSET. 784 reprod. phot., 14 cartes et plans en couleurs, 9 cartes en noir. Broché, **22** francs. — Relié demi-chagrin. . . . . **28** francs

Bulletin de Commande

Veuillez m'adresser *franco* les ouvrages ci-dessous :   PRIX

Atlas Larousse — broché — relié. . . . .
Atlas colonial illustré — broché — relié. . . . .
Paris-Atlas — broché — relié . . . .
L'Allemagne contemporaine — broché — relié . . . .
La Terre — broché — relié. . . . .
Le Musée d'Art — broché — relié. . . . .
L'Italie illustrée — broché — relié. . . . .

(Biffer le mode non choisi et les ouvrages qu'on possède
déjà ou qu'on ne désire pas recevoir.)   TOTAL. . . . .

que je payerai par traites de **10 francs par mois**, la première le 5 du mois prochain (1).

Nom et qualité ______________________________

Adresse de l'emploi _________________________   SIGNATURE

Domicile personnel __________________________

Le ___ ___ ___ ___ *190*

(1) Conditions valables seulement pour la France, l'Algérie, l'Alsace-Lorraine, la Belgique et la Suisse.

Remplir ce bulletin et l'adresser à la **Librairie Larousse, 17, rue Montparnasse, Paris** (6e), ou à son libraire.

AVIS IMPORTANT

L'acquisition d'un grand ouvrage encyclopédique destiné à constituer, pour de longues années, un fonds de bibliothèque, ne doit pas être faite à la légère. Faute de comparer avec soin les diverses publications existantes, quelques personnes se procurent des ouvrages qui ne répondent nullement à leurs besoins et ne leur rendent point les services qu'elles en avaient attendus. Leur déception est d'autant plus grande que ces ouvrages sont moins complets ou plus coûteux.

Aussi ne saurions-nous trop recommander d'examiner avec le plus grand soin le présent fascicule du NOUVEAU LAROUSSE ILLUSTRÉ et de **COMPARER** avec les autres dictionnaires à tous les points de vue :

Vocabulaire. Illustration. Cartographie. Planches en couleurs. Exécution matérielle.

On se convaincra aisément que le NOUVEAU LAROUSSE ILLUSTRÉ est le dictionnaire encyclopédique moderne le plus complet, le mieux compris, et par suite le plus utile. Ce magnifique ouvrage contient plus de *220,000 articles, 46,200 gravures, 81 planches en couleurs* et *près de 500 cartes en noir et en couleurs*. Ces quelques chiffres donnent une idée des services considérables qu'on en peut attendre. Ajoutons qu'il est le seul *absolument à jour*, en même temps que le moins encombrant et le moins coûteux. Ainsi s'explique son succès inouï et sans précédent dans l'histoire de la librairie : il compte à l'heure actuelle (janvier 1905)

Cent soixante-dix mille souscripteurs.

Différence capitale entre le Nouveau Larousse illustré et une encyclopédie.

Il n'est pas inutile d'appeler l'attention du lecteur sur la différence capitale qui existe entre un Dictionnaire encyclopédique comme le *Nouveau Larousse illustré* et une simple encyclopédie, différence dont à première vue on n'apprécie pas toujours suffisamment l'importance. Le NOUVEAU LAROUSSE ILLUSTRÉ *embrasse* **réellement** toutes les connaissances humaines. Une encyclopédie pure, au contraire, ne traite que certaines catégories de sujets. Elle laisse de côté notamment tout le *vocabulaire de la langue usuelle*, c'est-à-dire la majeure partie des mots, les *locutions, proverbes*, etc.; les *locutions latines et étrangères*; l'explication des *allusions historiques*; l'analyse des *œuvres littéraires marquantes*, roman, théâtre, philosophie, etc.; la description des *chefs-d'œuvre artistiques, tableaux, statues, monuments*, les œuvres musicales, opéras, opéras-comiques, chansons célèbres; les *mœurs et coutumes*, etc. Mêmes lacunes dans l'*illustration* (la plus complète des encyclopédies illustrées ne contient que 12,000 gravures). Un ouvrage de ce genre ne rend donc que des services très insuffisants; il doit être complété par des dictionnaires spéciaux, ce qui rend les recherches incommodes tout en augmentant sensiblement la dépense.

PLANCHES ET CARTES

EN COULEURS

CONTENUES DANS LE

NOUVEAU LAROUSSE ILLUSTRÉ

	Cartes	Plan.		Cartes	Plan.
Afrique	1	»	Mammifères		
Algérie	1	»	Manuscrit		
Allemagne — Costumes militaires	1	1	Mappemonde		
Alpes	2	»	Marbre		
Amérique	1	»	Marine (flammes de guerre)		
Asie	1	»	Mers		
Autriche-Hongrie — Costumes milit.	1	1	Métrique (Système)		
Belgique — Costumes militaires	1	1	Mexique		
Blasons	»	1	Minéraux		
Brésil	1	»	Miniatures		
Canada	1	»	Mollusques		
Champignons	»	2	Navigation		
Chine	1	»	Océan		
Ciel	»	1	Océanie		
Costumes	»	4	Œufs		
Courants	1	»	Oiseaux		
Couronnes	»	1	Paléographie		
Croisades	1	»	Palestine		
Danemark — Costumes militaires	1	1	Papillons		
Décorations	»	1	Paris et ses environs		
Dignités	»	2	Pavillons		
Drapeaux	»	2	Pays-Bas — Costumes militaires		
Écoles	»	1	Pluie		
Égypte	2	»	Poissons		
Espagne — Costumes militaires	1	1	Pôles		
États-Unis — Costumes militaires	2	1	Portugal — Costumes militaires		
Europe	2	»	Pyrénées		
Fleurs	»	1	Religieux (costumes)		
France — Costumes militaires	8	2	Reptiles		
Fruits	»	2	Roches		
Gaule	1	»	Rome		
Grande-Bretagne — Costumes milit.	1	1	Roumanie — Costumes militaires		
Grèce — Costumes militaires	1	1	Russie — Costumes militaires		
Homme	»	1	Sigillographie		
Indes	1	»	Signatures		
Indo-Chine française	1	»	Suède — Costumes militaires		
Insectes	»	2	Suisse — Costumes militaires		
Isothermes (lignes)	1	»	Télégraphe, Téléphone		
Italie — Costumes militaires	1	1	Terre		
Japon — Costumes militaires	1	1	Turquie — Costumes militaires		
Madagascar	1	»	Vitraux		

N. B. — Indépendamment de ces planches et cartes en couleurs, le NOUVEAU LAROUSSE ILLUSTRÉ renferme encore une profusion de cartes ou plans en noir et un très grand nombre de planches en noir. Ces dernières contiennent des groupements du plus vif intérêt (Armures, Balances, Balkans, Bois, Chapeaux, Chiens, Dentelles, Églises, Escrime, Expositions, Faïence, Habitations, Hauteurs, Imprimerie, Nœuds, Renaissance [Arts de la], Roman [Art], Torpilleurs, etc.).

L'ESTAFETTE par G. Conrad

Voici Mars, en avant coureur
Du printemps, qui par les allées,
Sue des bourgeons et, pleureur,
Éparpille ses giboulées.

Un soleil tout neuf aux airs fats
Clignotte de l'œil à travers
Les arbres qui tordent leurs bras
Pour s'éveiller des longs hivers.

L'estafette cycli-cyclant
Par les vallons et sous les branches
Pédale, file... mais plus lent
S'attarde à des visions blanches.

« Bonjour la Belle au teint de lait,
« Je suis las de mouvoir deux roues ;
« Invite moi donc, s'il te plaît,
« Au frais renouveau de tes joues ».

— « Mets-y donc des baisers mignards
« Frôle et glane, c'est fleur de pêche ;
« Puis réconforté, fils de... Mars,
« Dépêche-toi de porter la dépêche. »

FRY.

UN DÉJEUNER

RÉCALCITRANT

Du Tourisme pendant l'été et pendant l'hiver
De la dilatation des corps. — Un appareil indispensable

Le retour de la mauvaise saison, et de son accompagnement ordinaire, froid, pluie et boue, a déjà produit son effet sur nos camarades. Détestables les routes et rares les cyclistes qui, si nombreux les sillonnaient au printemps et pendant l'été.

Oh ! je sais bien : il y a le froid, il y a la boue, me direz-vous. Allons donc ! Vous y croyez, vous, à l'influence du froid et de la boue ? Mais non, c'est une plaisanterie. Vous avez trop roulé, cet été, vous êtes fatigué, passez-moi le mot : vous avez la flemme.

Mais ne venez pas me raconter qu'en hiver vous avez froid sur votre machine, que la boue tend votre chaîne et fait déraper vos pneus. Vous me feriez hausser les épaules, et je vous répondrais que ces excuses, sont de celles qu'un esprit superficiel seul peut admettre.

D'ailleurs, je vous reconnais, Monsieur. Lorsque, cet été, je vous rencontrais, couché à l'ombre d'un arbre, votre machine auprès de vous, vous aviez encore d'excellentes (?) raisons à me donner pour expliquer votre abstention. Mais, alors, c'était un autre refrain : Il fait trop chaud, me disiez-vous, les routes sont pleines de poussière et le soleil aveuglant... et vous restiez-là, sans mouvement, mâchant machinalement le bout de quelque cigarette éteinte, et donnant au vélophobes l'occasion de dauber à outrance sur notre sport qui fatigue, qui éreinte, qui tue !

Eh ! bien ! mon cher ami, permettez-moi de vous le dire, vous n'étiez alors, et vous n'êtes encore qu'un vulgaire (comment dirais-je ?) un vulgaire étourdi(1)

Et puisque nous en sommes sur cette question, laissez-moi vous faire connaître la véritable cause du déplaisir que vous éprouvez à pédaler pendant les grandes chaleurs et les grands froids.

Pour cela permettez-moi de vous rappeler un chapitre de physique que vous avez sûrement oublié, étourdi (2) comme je vous connais. Il traite, ce chapitre, de la dilatation et de la contraction produites, l'une par la chaleur, l'autre par le froid, sur les corps en général et les métaux en particulier

C'est parce que vous ne l'avez jamais su, ou parce que vous l'avez oublié (et croyez-moi, cela revient au même), que vous n'avez pas encore compris où je voulais en venir.

*
* *

Je m'explique et je précise.

Les expériences qui ont été faites à ce sujet avec une précision mathématiques ont prouvé que le coefficient de dilatation linéaire de l'acier était d'environ 0,000012 (suivant la trempe il varie d'une quantité tout à fait insignifiante).

Que font généralement tous les cyclistes et vous-même, qui m'écoutez? Ceci : A la sortie de l'hiver, lorsque les routes commencent à sécher et à devenir roulantes, ils démontent leur machine, la nettoient, et la remontent, réglant minutieusement la hauteur de la selle, du guidon et les roulements. Ils glissent une goutte d'huile partout, donnent un dernier coup d'œil aux écrous et les voilà partis.

Qu'arrive-t-il ? Le printemps vient, puis l'été. La température s'élève, et comme je l'ai constaté moi-même, peut atteindre 50, 51, 52 degrés même

Or, supposons que la machine ait été réglée, à la fin de février ou au commencement de mars, par une température de 10° Il y aura donc, au moment des grandes chaleurs un écart de 40° environ. Que d'autre part, le cycliste monte une machine ayant, par exemple, 82 centimètres de la selle à l'axe des pédales, nous trouvons pour l'allongement des tubes:

$$0,000012 \times 40 \times 0,82 = 0, \text{m.}\ 0,004936,$$

soit en chiffres ronds, une longueur d'un demi-millimètre.

Ce n'est pas tout, si nous supposons la machine bien réglée au départ, elle ne pourra plus l'être. La dilatation cubique, à laquelle, bien que cachées, les billes ne peuvent se soustraire, produira ces effets tout aussi désastreux. En effet, l'intervalle entre le cône et la cuvette étant supposé inva-

(1) Si j'emploie ce mot d'étourdi, c'est parce que je ne veux pas me départir en rien de la correction qui m'est habituelle. Je dois dire cependant que, pour exprimer entièrement ma pensée, l'épithète « imbécile » que me suggère un ami, n'est pas trop forte et assurément bien trouvée, suivant un cliché cher à la génération qui nous précéda.

(2) Voir le renvoi n° 1.

... de la cuvette augmente le volume du ... billes ... forcées de rester dans un espace ... rouleront de tous côtés et feront un ... coulante (1).

... soit qui souffle, qui ..., qui gémit, qui halète, ... soleil ... la poussière, le soir, il accuse son manque de som... mais ... son trop long repos si sa nuit a été bonne, sa ... maîtresse, s'il n'a pas de femme légitime, il ... mais il n'accuse pas son imprévoyance, son irré... qui sont les seules causes du mal.

... même phénomène en hiver, mais naturellement en sens ... Ainsi je ris lorsque j'entends dire : « Ma chaîne se tend, mes ... sont pleins de gravier, etc., etc... » Oui, votre chaîne se tend, ... roulement sont pleins de gravier, mais pourquoi, ... que par suite de la contraction produite par le froid, votre ... diminue de longueur.

Par suite de la contraction des billes, l'espace compris entre vos ... vos cuvettes augmente et permet à la boue de pénétrer (2). ... remède est simple, comme tous les bons remèdes. Lorsque la ... s'élève baissez votre selle, desserrez la cuvette de réglage ... quantité infinitésimale, et tendez un peu votre chaîne. Faites ... contraire lorsque la température s'abaisse.

... roulerez ainsi par tous les temps et par tous les pays et il ne ... restera plus qu'à me prouver votre reconnaissance.

... vous sera facile et je vous tiendrai pour amplement quitte lors... m'aurez offert une magnifique bécane, 96, de la meilleure maison de Paris, à votre choix.

... de mes amis, homme méthodique s'il en fut, et avec qui ... autant plus de plaisir à pédaler qu'il réglait toutes les consom... a été tellement ébloui par mes remarques qu'il ne sortait ... que muni d'un thermomètre de poche.

... cinquante minutes comme un soldat il s'arrêtait, pendant ... premières minutes de la halte il exposait son thermomètre au ... prenait la température. Ensuite, et pendant l'autre moitié de la ... sa machine suivant le nombre de degrés accusés et repar... toujours plus vif et plus alerte. Il m'a dit beaucoup de bien de cette ... de faire et je la recommande aux gens méticuleux.

... inconvénients produits par les changements de température seront ... efficacement combattus au moyen de l'appareil que je viens ... pour lequel j'ai pris un brevet (3). ... appareil, qui pourra être adapté aux machines déjà existantes ... même, suivant la température, la hauteur de la selle, la ten... chaîne et le roulement des billes.

Lorsque toutes les machines en seront pourvues nul ne pourra se dispenser de rouler, quelque temps qu'il fasse. Mon nom, alors, sera vénéré de tous ... de ceux des bienfaiteurs du cyclisme. A nous deux, Arator ! La perspective de cette douce gloire n'est pas, d'ailleurs, sans me causer beaucoup d'émotion.

Il y aurait encore beaucoup à dire sur les effets de la chaleur et du froid. Je me suis occupé spécialement, aujourd'hui, du côté tourisme. Je montrerai, dans un nouvel entretien, que l'étude approfondie de ces effets nous permet de résoudre certaines questions de sport qui sont restées jusqu'ici sans solution. Ce sera, si vous le voulez bien, l'objet de notre prochaine causerie.

J. MONTEL.

(1) Je sais bien que ce que je dis ici est absolument faux, mais comme j'ai besoin de cette affirmation pour continuer l'exposé de ma petite théorie, je ne m'en occupe pas, et je passe outre.

(2) Ceci est aussi faux que ce qui précède, mais, pour la même raison que tout à l'heure, je ne m'en préoccupe pas.

(3) MM. les fabricants qui désireraient traiter avec moi pour l'achat de ce brevet sont priés de se hâter. Inutile d'ailleurs de se présenter sans apporter la forte somme. Mon invention répond à un tel besoin que je suis maître absolu de la situation. J'en profite.

Les chevaux de bois du Cycle

Manège comparatif, par O'Galop.

FISCHER ET GERGER

COMMENT SERONT ÉLEVÉS NOS PETITS ENFANTS

CONTES POUR LES PETITS BONHOMMES
AU-DESSOUS DE SEPT ANS

L'INVENTION DU PNEU

Voulez-vous, mes petits amis, que pour une fois, comme disent des Belges de vaudeville, nous allions ensemble sur nos fines bécanes, jusqu'au Lac, au Bois de Longchamp et le pont de Suresnes? Oh! ces arbres dans rebattus, ces arbres frisés au petit fer, ces bosquets cadenassés à double tour et ces dames, rigolboches ou ec... fées, chevauchant la bicyclette dans le but unique de nous exhiber, gantées de bas noirs, les jambes que la Providence leur avait données pour marcher!...

Donc c'est dit, jeunes recordmen, avenir de la France sportive, nous sortons du bois, nous passons Suresnes, Versailles, Rambouillet et, si vous le permettez, nous irons trait jusque dans l'Afrique Centrale, un petit endroit un peu chaud mais qui gagne joliment à être connu.

Je prends la liberté de vous présenter S. M. le roi Bouf-bouff XIV, un souverain dernier bateau qui règne chez sur un nombre invraisemblable d'hectares, habités par des gentlemen honnêtes, mais cannibales.

Boufbouff XIV est un souverain plutôt pacifique, il n'a jamais flanqué la moindre brossée au moindre Italien. Les roastbeefs humains qui paraissent sur sa table ne proviennent point de prisonniers faits à la guerre, mais sont simplement découpés dans le derrière des sujets du monarque avec lequel je viens de vous faire faire connaissance.

Boufbouff est un nègre très recommandable par ailleurs. Il est menteur, filou, cruel, poltron mais de relations agréables dans les moments où il n'est pas indésirablement rébarbatif.

Il se distingue surtout, cet élu de Dieu, par un amour immodéré de son confortable et de ses aises. À force de chercher à s'éviter toute apparence de travail il est arrivé à des résultats extraordinaires. C'est ainsi qu'il a des serviteurs qui se mouchent pour lui, qui respirent pour lui, pendant qu'une délicieuse négresse parfumée à la chandelle lui lit Le Cycle sous l'ombre large d'un palétuvier.

Car j'avais omis de vous dire que Boufbouff est abonné au Cycle. Ce qui prouve sans contestation possible son intelligence raffinée et ses aspirations artistiques.

Une autre invention du sympathique monarque: ayant remarqué que les routes de son pays étaient abominablement entretenues, il a fait couper la tête à une centaine de ses ingénieurs ordinaires des Ponts-et-Chaussées, ce qui a assuré pour plusieurs mois provision de roastbeef de la table royale, mais n'a produit aucun effet en ce qui concerne la réfection des routes du royaume.

Ah! ces ronds-de-cuir, tous les mêmes sous toutes les latitudes!

Boufbouff déteste les routes mal entretenues à cause des cahots qu'in-fligent les ornières à la voiture dans laquelle le prince va faire du persil quotidien. Être secoué comme un simple de Cesti dans le panier de salade, voilà ce à quoi Sa Majesté ne peut pas s'habituer.

Et, toujours ingénieux, Boufbouff a trouvé un truc pour s'épargner les secousses en question: il a fait afficher dans tout le royaume un décret ordonnant aux populations de se coucher en travers de la route sur le passage du véhicule royal.

Comme ce dernier pèse dans les 2.000

kilos — pas précisément une voiture de demi-course, comme on voit — mes jeunes lecteurs peuvent juger de l'abominable purée que Boufbouff confectionne avec ses sujets toutes les fois qu'il lui prend fantaisie d'aller faire un tour aux environs.

*****

Telle est cette purée et si fréquentes les ballades en sapin du monarque que le royaume se dépeuple lamentablement et que Boufbouff est menacé de ne plus régner bientôt que sur le sable du désert et sur les corbeaux qui se régalent des macchabées sur les chemins vicinaux de la contrée.

Dans ces pénibles circonstances, Boufbouff fait venir un explorateur anglais qu'il a pris à son service et dans lequel il a pleine confiance et lui demande conseil.

L'Anglais réfléchit une seconde, puis, après avoir demandé au prince de prendre patience quelques semaines, il écrit à son correspondant de Londres de lui envoyer une bicyclette. Boufbouff n'aura qu'à apprendre à monter en machine et le tour sera joué ; on pourra remiser *ad vitam æterman* la voiture royale.

Le brave négociant londonien envoie le colis demandé par retour du courrier, mais au lieu de livrer une bicyclette dernier modèle, il expédie un de ses articles d'exportation pour nègres. Un magnifique bicycle modèle Michaux avec roues en bois cerclées de fer !

Et voilà Boufbouff, s'escrimant, sous la direction de son Anglais, à acquérir sur cet épouvantable rossignol les premières notions d'équilibre.

Jamais le digne homme n'avait transpiré plus abondamment. C'est au point qu'au bout d'une heure, il déclara y renoncer tout à fait, à moins qu'on ne trouve un moyen d'amortir les secousses qui lui démolissaient l'épine dorsale.

*****

L'Anglais réfléchit une minute. Faire coucher de nouveau les populations en travers de la route pour amortir les chocs du bicycle Michaux, il n'y fallait plus songer. On avait fait une telle consommation d'indigènes pour cet usage que l'agriculture de royaume était fortement menacée de manquer non seulement de bras, mais de jambes.

Notre explorateur eut alors une idée de génie, au lieu de paver la route avec les sujets de Boufbouff, pourquoi ne matelasserait-on pas les roues mêmes du monarque avec un desdits sujets ?

Sans plus tarder, le fils d'Albion s'en fut dans la campagne voisine, choisit un gros homme gras, l'abattit et lui chipa dans le ventre quelques mètres de boyaux dont il entoura solidement les roues du bicycle.

Hop ! en selle ! Ah ! ça allait déjà mieux ! Boufbouff déclarait très tolérables les cahots ainsi amorties. Mais ce n'était pas encore le rêve.

*****

Le lendemain, notre Anglais traversait un des squares de la capitale Centre-Africaine lorsqu'il reçut dans l'œil un ballon de caoutchouc lancé par quelque négrillon mal surveillé par sa nourrice.

Le ballon rebondit gracieusement et se mit à rouler gentiment, avec des petits glissements moelleux sur le sol abominablement raboteux.

L'explorateur se frappa le front, comme Archimède quand il eu découvert son principe et rentra au palais.

Découper cinq nouveaux mètres de boyaux, les faire coudre à l'un des bouts, souffler vigoureusement par l'autre bout et entourer avec ce bourrelet les roues du bicycle royal fut l'affaire d'une heure à peine.

Quelques minutes après, Boufbouff roulait béatement sur la route voisine et se déclarait ravi, enchanté, enthousiasmé… si enthousiasmé qu'il crachait immédiatement dans l'œil gauche de son ami l'Anglais, ce qui est une manière bien Centre-Africaine de décorer les hommes éminents.

Cela s'appelle : le grand crachat du Pélican Vert, réservé aux têtes couronnées et aux garçons de bureau du ministère des Affaires Etrangères.

Ce qui nous intéresse beaucoup plus que tout cela, c'est de savoir que dès lors, le principe du pneumatique était trouvé.

*****

Notre Anglais forma instantanément une Société aussi anonyme que limited pour exploiter « l'Intestinal African Tyre Cᵒ » et fit fortune en trois mois.

Un peu plus tard on a remplacé les boyaux humains, un peu trop difficiles à se procurer et de qualité médiocre, par du caoutchouc plus ou moins vulcanisé.

A part cette insignifiante différence, nous montons encore le pneu frère de celui qui évita à Boufbouff XIV un tas de furoncles au bas du dos.   J. DAVIN DE CHAMPCLOS.

PROFESSEUR DE BICYCLETTES

UN ÉMULE DE ST-LAURENT

par DEB

HIC JACET :...

Que les fanatiques des sports se voilent la face, et que l'U.S.F.S.A. blêmisse; je vais chanter un sport qu'Elle ne pratiquent pas et qu'Elle n'a point reconnu. Et toi, doux Pégase, inspire moi et soutiens ma lyre vibrante; c'est la gloire de tes frères de bois que je veux redire ici sans strophes ni couplets malsains, c'est leur mort prochaine que tristement je veux leur annoncer pour qu'elle se fasse plus douce pour eux, plus soumis à son inexorable puissance.

C'était bien gentil les chevaux de bois, ça tournait tout seul doucement, sans secousse, c'était doux, calme, inodore et propret — nourris de confetti, bridés de serpentins, ils fournissaient l'étape sur l'air du *Père La Victoire* et des *Noetambules*, prêtant leurs croupes pour deux sous.

Vieux et jeunes, tout petits et grands déjà, tout le monde les chevauchait avec joie, chantant avec l'orgue et enfilant des macarons. Et joyeusement le vent soulevait un peu les jupes que la course entrainaît, montrant les petits pieds des nouvelles amazones souriantes et gaies sur leurs dociles coursiers.

Ah certes, les petits chevaux de bois, bien peinturlurés et soigneusement enrubannés, étaient charmants sous des robes claires et de frais minois.

Déjà de Russie, des montagnes amies étaient venues faire de la concurrence, les vagues de l'océan, les ballons, tout s'en était mêlé sans parvenir à prendre le pas et à ravir aux chevaux de bois leur charmante clientèle. Les lourds manèges de vélocipèdes eux-mêmes y avaient perdu leurs pédales!

Mais un jour vint où la science s'en mêla. Pour prouver l'élasticité d'une merveilleuse invention, un grand manufacturier cycliste, M. Michelin pour ne pas le nommer eut l'ingénieuse idée de cahoter un peu la bonne plèbe: Il voulait ainsi lui prouver la supériorité de ces pneus ; il fit plus, il l'amusa !

C'était gentil les chevaux de bois, ce fut drôle le manège où deux chariots l'un à jante de fer, l'autre à pneu, véhiculaient les curieux.

Dans l'un, c'était doux et suave comme les chevaux de bois, avec en plus le plaisir de voir l'autre, en face, secoué comme un prunier, perdant chapeau, canne et monocle dans un secouement de fonds formidable. Pour le secoué, d'ailleurs, c'était la pittoresque impression du tangage avec l'éclat de rire d'une bonne blague.

Ah! que j'en ai vu des fillettes dans cet infernal chariot, le chapeau envolé, les cheveux tombés sur les épaules, roses de plaisir et sautant à chaque choc nouveau comme de joie.

Ah! que j'en ai vu aussi des gendres traîtres, feignant pour une fois d'être aimables avec belle-maman en lui offrant un petit tour de chariot et lui faisant prendre le fer pour le pneu. Alors, c'était du délire pour le brave garçon qui délicieusement étendu voyait voler au loin, à chaque secouade de l'acariâtre ennemie, les épingles à cheveux, le faux chignon, le chapeau, le râtelier, l'œil de verre, et tous les autres *charmes* de l'adorée.

Ironiquement la petite sirène poussait son sifflet strident dans l'éclat de rire général et les chariots reprenaient leur course accidentée, toujours retenus et toujours pleins.

Ah, ce jour là les chevaux de bois ont bien senti que leur règne était bien fini et sous leurs harnais de clinquant ils en ont frémi pendant que, prêt à la révolte, leur orgue entonnait à tour de bras l'air flambant de la *Carmagnole*. Traceb.

Le futur coureur

RÉCIT

Priol un jour quitta son clocher, sa campagne,
Jetant un chant amer à la verte montagne
    Qu'il gravissait le soir,
Aux grands arbres des bois qui suivaient sa tristesse
A Jeanne — pour avoir une belle maîtresse —
    Un joyeux : au revoir.

Mais lorsqu'il eut senti sa rapide machine
Racler en emportant sa pauvre âme chagrine,
    Son cœur se dilata.
L'enfant battit des mains dans son ivresse folle :
Paris ! c'est à Paris que je vais, ma parole.
    « C'est que je vole, hurrah !

« Hurrah ! je vais te voir, je vais vivre ta vie ;
« Il est permis chez toi de suivre son envie,
    « Libre de toute loi.
« Aux coureurs d'à présent je déclare la guerre
« Et prouverai bientôt aux hôtes de la terre
    « Qu'un cycliste est en moi !

« Ma renommée ira jusqu'à toi, pauvre ville.
« Tandis que j'habitais, paresseux, inutile,
    « Et que je quitte enfin
« — Priol vainqueur ? — Allons ! — C'est drôle, sur mon âme !
« Mais c'est vrai, mes pays, l'univers le proclame
    « Et vous doutez en vain... !.

« Hurrah ! Je vais vous voir célébrités connues :
« Farman ! Protin ! Je vais aux carrefours des rues
    Coudoyer les géants !
« Et puis, quand plus fort qu'eux je lèverai la tête,
« Les gens diront : c'est lui, lui le vélo-tempête,
    « Découvrez-vous, passants !

« Et quand je reviendrai, cité trois fois heureuse
« De m'avoir pour enfant, tu seras glorieuse,
    « Tu te pavoisera...
« Tu mettras tes habits de fête, ô ma patrie,
« Et moi j'accepterai l'hommage et l'ambroisie
    Que tu me verseras !

« Et quand je serai tué, sur piste, en pleine gloire,
« On inscrira ton nom aux pages de l'histoire
    « Qui dira ma valeur.
« Tu seras désignée enfin sur une carte ;
« Ma maison aura sur une large pancarte :
    « Mourut au champ d'honneur ! »

              CYCLAMOUR.

(1) Reproduction et traduction interdites.

SPORTS ATHLÉTIQUES

CHOSES & AUTRES

La journée de dimanche a été pour les parisiens la réouverture de la saison de courses à pied ; la plupart des Sociétés avaient en effet choisi cette date pour donner leur première réunion de courses et je dois dire qu'à de rares exceptions près, elles ont toutes réussi au delà de ce qu'on pouvait espérer pour un début de saison.

Au Bois de Boulogne, beaucoup de monde se trouvait sur le terrain du Racing Club et les coureurs ont largement payé, par leurs belles courses, ceux de leurs amis qui s'étaient dérangés pour venir les voir.

La piste est fatalement après le repos de cet hiver, le merveilleux terrain qu'elle a toujours été pour les courses de vitesse. Encore un mois et le terrain du Racing sera redevenu ce charmant petit coin du Bois de Boulogne usurpé (par le Sport.)

La plupart des personnes se rendant au Racing avaient pour habitude d'entrer par la petite porte située du côté du dernier virage. L'administration du Bois de Boulogne veut qu'on entre au Racing par la grande porte et ce petit passage lui a porté ombrage. Qu'on n'essaye donc plus de passer par là, la porte est close et il faut faire le grand tour.

A signaler le claquage de Flourens dans le 1,500 mètres ; bon coureur de fond jusqu'à ces derniers temps, il a pu par un long entraînement devenir, cette saison d'hiver, un excellent coureur de cross et se classer à une place remarquable dans le cross interscolaire. Mais il semble que son entraînement de cross l'ait perdu pour la piste. Il fera bien en tout cas de se reposer un peu et de ne pas nous décevoir comme il l'a fait dimanche.

Le Stade Français avait en même temps que le R. C. sa petite réunion sur son terrain de Courbevoie, réunion toute intime et surtout fort animée. Malgré le départ à Chartres d'une équipe de Foot-ball et la défection de quelques-uns pour prendre part à la course vélocipédique du Stade, les coureurs étaient nombreux sur le terrain.

La surprise a été fort grande et agréable pour eux quand ils ont trouvé leur ancien terrain remis à neuf, pour ainsi dire et offrant un sol maintenant très bon.

Les coureurs du Stade paraissent dans d'excellentes conditions pour fournir une saison de courses, sinon meilleure que celle de l'an dernier, du moins aussi bonne. Nous attendrons cependant à la prochaine réunion du Stade pour fixer notre opinion sur les coureurs, car nous espérons que leur lot sera absolument complet alors et que nous pourrons mieux juger de leurs forces respectives.

Le cross country est enterré, pour cette année, le foot-ball va l'être bientôt, vive la course à pied.

COURSES A PIED

Racing-Club de France. — La réunion d'ouverture du R. C. donnée dimanche dernier sur son terrain municipal du Bois de Boulogne a été très brillante. L'assistance a même été fort nombreuse pour une première réunion.

Les coureurs y ont mis beaucoup du leur et pour une première réunion de course, ont donné de belles espérances.

Voici les résultats :

110 m., haies, hand. — 1. C. Vanoni (12), 2. S. Mercadé (sc), 3. J. Gluckowski (3). T. : non constaté.

100 m., hand. — 1re épreuve : 1. de Marcoff (11), 2. J. Gluckowski (5.50). T. : 12'. — 2e épreuve : 1. J. Raffo (1), 2. F. Meiers (6). T. : 12' 1/5, — 3e épreuve : 1er P. Muret (2.50), 2. R. Hauchard (7). T. : 12' 1/5. — 4e épreuve : 1. A. Klingelhœfer (8.50), 2. M. Soalhat (3). T. : 13'. — Epreuve finale : 1. de Marcoff (11), 2. A. Klingelhœfer (8.50), 3. P. Muret (2.50), 4. M. Soalhat (3). T. : 11' 3/5. 17 partants.

1,500 m., hand. — 1. M. Spitzer (85), 2. F. Mala (110) et M. Delpeuche (165) *dead-heat.* T. : 4'27" 2/5. 13 partants.

400 m., scratch. — 1. Soalhat, 2. J. Raffo, 3. A. Lemonnier. T. : 57'. 9 partants.

Lancement du poids. — 1. Torchebœuf 9'65", 2. Vanoni, 9'35".

Stade Français. — La première réunion de Course à pied du Stade Français a eu lieu dimanche sur son terrain de Courbevoie.

Le temps avait particulièrement favorisé les coureurs qui ont d'ailleurs eu une autre suprise, celle d'une piste neuve.

Voici les résultats :

100 m., scratch. — 1. Espir, 2. Samplemage. 6 partants.

1,500 m., scratch. — 1. Espir, 2. Mallet, 3. Turlo, 4. Le Texier. 13 partants.

100 m., haies, scratch. — 1. Turlo, 2. Chenu, 3. Perreau, 4. Le Texier. 10 partants.

400 m., scratch. — 1. Espir, 2. Mallet, 3. Léon Champs.

Saut en hauteur. — 1. Mallet 1'30", 2. Espir, 1'29".

Club Athlétique Commercial. — Le Club Athlétique Commercial a donné dimanche sur le terrain de la ligue au Bois de Boulogne, une réunion de courses dont voici les résultats détaillés :

100 m., hand. — 1re épreuve : 1. M. Rigollot (sc), 2. de Léotard (7), — 2e épreuve : 1. E. Rigollot (5), 2. Pouillien (7), 3e épreuve : 1. Moreau (9). 2. Peteto (8). Finale : 1. Moreau (9), 2. E. Rigollot (5), 3. Peteto (8). 18 partants.

400 m. hand. — 1. M. Rigollot (sc.), 2. L. Quernel (24). 3. Moreau (26), T. 59". 8 partants. M. Bailly a pris part à la course et s'est classé 1er avec 35' d'avance.

1,500 m., scratch. — 1. Raulin, 2. Berthet, 3. E. Rigollot, 4. Neveux. T. : 4'45". 20 partants.

Saut en longueur. — 1. E. Rigollot 4 m. 2, 2. M. Rigollot, 4 m. 3. Roumet 3 m. 75.

Club Athlétique Parisien. — C. A. P. a donné dimanche sa deuxième réunion de courses à pied aux Tuileries. Fort intime et gaie, cette réunion a été fort réussie. Les courses ont donnés les résultats suivants :

I. — 400 m., plat, handicap : 1. Hély 5 m., 2. Haas 5 m., 3. Moreau 20 m., 4. Georges 30 m. Gagné de 3 mètres. T. : 57".

II. — 800 m., plat : 1. Ledoux 0, 2. Bonniau 10 m., 3. V. Hély 30 m. Gagné facilement. T. : 2'2".

Métropolitan Club. — Vraiment réussie la première réunion des courses du M. C. donnée dimanche dernier, les résultats des courses le prouveront d'ailleurs suffisamment :

100 yards. 91 m. 33. — 1re série, 1. Thuault, 2. Menu. T. 1" 1/5. — 2e série, 1. Bled, 2. Rouget. T. 10 4/5. — 3e série, 1. Cabessut, 2. Barra. T. 11" 3/5. Finale. — 1. Bled, 2. Cabessut, 3. Rouget, 4. Thuault. Temps : 10" 4/5; 15 partants.

Saut en hauteur. — 1. Rouget 1 m. 35, 2. Pellegrini, Bled et Baranger 1 m. 30. 8 concurrents.

400 m., plat, scratch. — 1. Barra, 2. Bled à 5 m. 3. Aubert à 1 m. 12 partants. T. : 1'1" 1/5.

Lancement du poids. — 1. E. J. Lécuyer, 8 m. 4, Bled, 6 m. 20, 3. Foy, 6 m. 17, 4. Thuault, 6 m. 5. 15 concurrents.

1,500 m., plat (scratch). — 1. Barra, 2. Baranger, à 30 m., 3. Noirot, à une poitrine, 15 partants. T. : 5'1" 2/5.

Les départs étaient donnés par M. Lécuyer et les arrivées jugées par M. Lécuyer père.

Association pédestre Française. — L'A. P. F. a donné dimanche, à Vincennes, sa première réunion de courses et comme toutes les réunions de dimanche elle a eu assez de succès.

Voici les résultats :

100 m., hand. — 1re épreuve : 1. Waymel, 2. Luisi. — 2e épreuve : 1. Clerc, 2. Dauvergne. — 3e épreuve : 1. Guérin, 2. E. Desquand. — 4e épreuve : 1. Vuathier, 2. René Borgrand. — Finale : 1. Guérin (20 m.), 2. Vuathier (18 m.), 3. Clerc (12 m. 50), 4. Waymel (12 m. 50). Temps : 11" 4/5.

400 m., (hand.) : 1. Luisi (15 m.), 2. Clerc, (32 m. 50), 3. E. Desquand (scratch). Temps : 57" 2/5.

800 m., (hand.) : 1. Depasse (70 m.), 2. E. Desquand (scr.), 3. Vuathier (90 m.) Temps : 2'35".

500 m. (scratch) : 1. E. Desquand, 2. Depasse, 3. Leblanc. Temps : 19'4".

****

Cercle Pédestre et Vélocipédique. — Le C. P. V. lui-même s'est mis de la partie, car il était dit que toute société qui se respectait devait ouvrir sa saison de course le 15 mars.

Voici les résultats de sa réunion de dimanche.

100 m. hand., 1re série. — 1. Cottard 8', 2. Mathlin 4'.

2e série. — 1. Barreau 4', 2. Mongin 0.

Finale. — 1. Barreau 4', 2. Cottard 8', 3. Mathlin 4', 7 partants.

Saut en longueur avec élan. — 1. Emile (4.35), 2. Mathlin 4.25, 3. Cottard 4.15.

Saut en longueur sans élan. — 1. Emile et Mongin (dheat heat) 2.60, 2. Tible 2.55, 3. Cottard et Mathlin (dheat heat) 2.30.

400 mètres scratch. — 1. Mathlin, 2. Régnier, 3. Niraguay, 4. Cottard, 10 partants.

2,500 m. scratch. — 1. Mathlin, 2. Régnier, 3. Cottard, six partants.

****

Étoile Parisienne. — Voici les résultats de la réunion de course donnée par l'E. P. dimanche dernier :

100 m. (hand.). — Finale : 1. Barreau (4 m.), 2. Cottard (8 m.), 3. Mathlin (4 m.). 14 partants.

Saut en longueur : 1. Emile 4 m. 35, 2. Mathlin 4 m. 25, 3. Cottard 4 m. 15.

Saut en longueur sans élan : 1. Emile 2 m. 60, 2. Mongin 2 m. 60, 3. Tible 2 m 55.

400 m. scratch : 1. Mathlin, 2. Régnier, 3. Néraguay, 4. Cottard. 10 partants.

2,500 m. scratch : 1. Mathlin, 2. Régnier, 3. Cottard, 6 partants.

R. D'H.

FOOTBALL RUGBY

Jeudi dernier, une équipe mixte de l'*Olympique* a joué à Arcueil un match contre l'*Association Athlétique du Collège Albert-le-Grand.*

M. Dedet qui arbitrait la partie a proclamé la victoire de l'A. A. A. G. par 22 points (6 essais dont 2 transformés en buts) à 8 points (2 essais et 1 but) à l'Olympique.

CHAMPIONNAT DE L'U. S. F. S. A.

Olympique contre *Cosmopolitan Club.* — C'est sur le terrain du Stade Français que ce match s'est joué dimanche par un temps splendide et en présence d'une assistance très nombreuse.

L'équipe du C. C. avait subi quelques modifications : MM. Malher et Coulpier, remplaçant MM. Morchon et de Pallologue.

Dès le coup d'envoi l'O. envahit le camp du C. C., mais il est bientôt refoulé sur une belle passe de Tebbit qui dégage son camp. Le ballon ne tarde pas alors à revenir au centre et y reste très longtemps dans une interminable suite de mêlées et de en-touche. Puis il est parti alternativement dès 22 m. du C. C. à ceux de l'O. et réciproquement. Carey, de l'Olympique, fait plusieurs charges qui restent sans résultat. La mi-temps est sifflée, rien n'ayant été marqué de part et d'autre.

Après en mi-temps, Bellavoine ne reparaît pas sur le terrain et le C. C. joue 14 contre 15. Après une nouvelle suite de mêlées au centre, Bidelein manque un but de peu. Carey, sur ces entrefaites, s'emparant du ballon, fait une superbe course et manque un essai de quelques centimètres. L'arbitre ne l'accorde d'ailleurs pas en dépit des réclamations.

Le C. C. perd alors encore un de ces équipiers, Albert, qui abandonne la partie. C'est au milieu du découragement causé parmi les équipiers du C. C. par la perte de leurs deux meilleurs avants, que l'Olympique se ressaisit et donne son dernier effort. Il semble que C. C. abandonne son sort au hasard et joue avec mollesse. Bidelaso manque un essai, mais le but est manqué, Potter et de Martel manquent un second et un troisième essais transformés tous deux en buts. Le match se termine donc par la victoire de l'Olympique, par 13 points à 0 au Cosmo. Nous devons regretter les incidents fâcheux qui sont venus modifier si brusquement l'équipe du C. C. jusque sur le terrain et l'a conduit à un échec alors qu'il méritait mieux.

Voici la composition des équipes :

Olympique. — Arrière : de Lonchamps; trois-quarts : Bideleux, Hirot, Carey, Loubéry; demis : Thorndike, Poutney; avants : Landolh, Charcot, Potter (cap.), Machoux, Sienkiewicz, J.-S. Thorndike, A. et T. de Martel.

Cosmopolitan Club. — Arrière : Berthomme; trois-quarts : Bellavoine, Dellanoy, Perrot, Coulquier; demis : Hadley, Albert; avants : Tebbit (cap.), Mahler, Quatrebœuf, Brown, Veil, Charley, Montlaurent, Reminiac, Samuel.

****

Racing Club de France contre *Union Sportive de l'Est.* — Ce match s'est terminé comme on pouvait le penser, par une victoire facile du R. C. L'U. S. F. semblait d'ailleurs s'être désintéressée du match qu'elle jouait et n'avait sur le terrain que 13 équipiers. Cette partie, en somme, n'a pas présenté un bien grand intérêt.

Le R. C. manque dans la première mi-temps, 3 essais faits par Reichel, Grisel et Rapson, le premier est transformé en but sur Thompson. L'U. S. F. réussit cependant à marquer un essai par suite d'une faute de Torchebœuf.

Dans la seconde partie du jeu, le ballon parcourt le terrain de bout en bout. Georges Duchamps marque un 4 essai au R. C. L'Est, obtient un coup franc et Combes marque 3 points à son club en réunissant le but.

Le Racing marque encore 4 nouveaux essais (de Palissaux, Muret, Ducatez, Reichel). Enfin Chastanié fait un team, un instant avant la fin.

M. F. Giraud proclame la victoire du R. C. par 28 points (1 but, 8 essais, dont 1 transformé et un tenn) à 3 points (1 but sur coup franc) à l'U. S. F.

R. C. — Arrière : Torchebœuf; trois-quarts : Reichel, Geo, Duchamps cap., de Palissaux, Rapson; demis : Chastanié, A. Duchamps; avants : Pontié, Petit, Muret, Grisel, Tompson, Ducatez, Hédé-Hany de Pujol.

U. S. E. — Arrière : D'Hoste; trois-quarts : Langlois, Schane, Lacroy, A. Roberty; demis : Murat, Roberty H.; avants : Gobet, Girard, Acken, Combe (cap.), Hanus, Dehry, de Verez. L'U. S. F. n'a joué qu'avec 14 équipiers.

****

Racing Club (équipe 2e) contre *Cosmopolitan club* (équipe 2e). — Le match joué dimanche à Levallois-Perret sur le terrain du R. C. s'est terminé par la victoire du Racing sur 28 points (7 essais dont 2 transformés en lest et 1 but sur coup franc) à 3 points (1 essai) au C. C.

****

De nos correspondants particuliers

Chartres : Le *Stade Frongais* a été jouer dimanche à Chartres le match qui devait avoir lieu le mois dernier. L'association du Lycée de Chartres a battu le S. F. par 8 points (2 essais Chautemps, Halfin, dont 1 transformé en but par Hardouin) à 3 points (1 essai) pour le S. F. M. da Sylva arbitrait la partie.

Voici la composition des équipes :

S. F. — Arrière : Baillon; trois-quarts : Amand aîné, Beaurain, Moulin, Bonnet; demis : Zurlo et Sandoz; avants : Dedet (cap.), Truppel, Bouisson, Mamelle, Dicornet.

Chartres. — Arrière : Prévosteau; trois-quarts : Chautemps, Miné, Louis, Dufour, Brunet; demis : Ardouin, cap. Malfin; avants : Chevet, Paul et Jules, Doyen, Lepinte, Lejeune, Mielvacque, Haniquet, Canque.

****

Orléans : Un match pour la Coupe du Centre de l'U. S. F. S. A. a été joué dimanche entre les équipes de l'Union Sportive du lycée d'Orléans et l'Avant-Garde du lycée de Bourges, Orléans a facilement triomphé par 45 points (11 essais dont 4 transformés en buts et 1 but après un coup tombé) contre rien à Bourges.

Composition des équipes :

U. S. L. O. — Arrière : Grégoire; trois-quarts : Deze, de Montvell, Lahay (capitaine), Lebeau; demis : Lecœur, Henry; avants : Renaudon, Houry, Robin, Vapereau, Picard, Chatillon, Aubry, Chapenot.

A. G. L. B. — Arrière : Broncher; trois-quarts : Brettin, Courreges, Loiseau (capitaine), Ducrot; demis : Praud, Auclair; avants : Boid, Agin, Pezard, Crelin, Beigneux, Lafaix, Hec.

****

De notre correspondant de Toulouse :

U. A. L. T. contre *S. A. B.* — Dimanche prochain 22 mars, sera joué à Toulouse un match entre les équipes premières de l'U. A. L. T. et du Sport Athlétique Bordelais. L'équipe toulousaine ne sera définitivement composée qu'au dernier moment.

U. A. L. T. contre *S. T.* — A la suite du match de dimanche dernier entre l'U. A. L. T. et le S. C. une équipe du Stade toulousain (cap. L. Jacoubet) a lancé un défi à l'équipe de l'U. A. L. T. (cap. Albigès). Ce défi ayant été relevé, le match aura lieu le 26 mars, très probablement.

****

Melun : L'*Union Athlétique du 1er arrondissement* a joué dimanche à Melun un match contre le *Stade Melunais.*

L'U. A. I. a remporté une victoire assez facile et a triomphé du S. M. par 24 points à 3.

M. Gosse arbitrait cette partie.

Voici la composition des équipes :

U. A. I. — Arrière : Mion ; trois-quarts : Daubert, Féry (cap.), Briston ; demis : Magnien ; avants : Saussé, Bor, Wathelet, Jolivet, Lardanchet, Marfan, P. Meyer, Courtois.

S. M. — Arrière : A. Delamarre ; trois-quarts : Danger (cap.), Gely, Criton ; demis : Porta, Diemer ; avants : Grégoire, Garnier, Castellan, Foltzer, Chauvin, Grandjean, de Zogheb, E. Delamarre.

⁂

Evreux : Les équipes premières de l'*Union Sportive du lycée d'Evreux* (capitaine Theis) et l'*Association Sportive de l'Ecole Normale d'Evreux* (capitaine Delamarre) ont joué dimanche un match qui a été gagné, après une partie très dure, jouée presqu'entièrement dans les 22 m. du lycée par l'Ecole Normale avec 3 points (1 essai, Pecuard), contre rien à l'équipe adverse.

⁂

Stade Bordelais. — Le S. B. a organisé, dimanche dernier, une course sur route de 25 kilomètres qui a remporté un très joli succès. En voici les résultats :

1. Hye de Crom, 1.52', 2. Constant, à une longueur, 3. Cominge, 4. Lerou, 5. Bousquet, 6 Panajou, 7. Jonneau, 8. Pène, 9 Rivals, 10. Cartwright. Arrêtés : Vène, M. Mabille. Arrivée très disputée, gagné difficilement d'une longueur ; le troisième assez loin derrière.

M. J. Robert jugeait les arrivées ; Vovard chronométrait, et Ch. Robert et Ghailliaut assuraient le virage.

⁂

Saintes : Dimanche dernier, a été joué à Saintes le match de foot ball (rugby) conclu entre la Société *La Vaillante du Collège* et le *Sport Athlétique bordelais* (équipe mixte). Martin, capitaine de l'équipe 1re qui devait diriger le S. A. B. a dû être remplacé la veille du match ; malgré le peu d'habitude de commandement du nouveau capitaine, il n'en a pas moins conduit ses joueurs à la victoire.

Le jeu a été remarquable pendant toute la partie aussi bien du côté de la « V. C. S. » que de celui du « S. A. B. »

M. Rozès, du « Stade bordelais », était arbitre et s'est acquitté de ses délicates fonctions avec l'impartialité et le tact qu'on lui connaît et c'est aux applaudissements d'un public aussi élégant et nombreux que sympathique, qu'il a déclaré l'équipe du « Sport Athlétique bordelais » victorieux par 3 points (un essai, Boulacroix) et un tenu (Soulacroix) à 1 à la Vaillante du Collège de Saintes (un essai).

La plus grande cordialité n'a cessé de régner jusqu'au départ de l'équipe bordelaise et vainqueur et vaincus se sont séparés au milieu de vivats mille fois répétés.

R. d'H.

FOOT BALL ASSOCIATION

Club Athlétique Parisien. — Deux équipes mixtes et incomplètes ont joué jeudi dernier une bonne partie d'entraînement sur leur terrain des Tuileries.

L'équipe Tougain, qui comptait plusieurs joueurs de l'équipe première, a battu facilement l'équipe Hély par 2 goals à 1.

⁂

Le dimanche 11 mars, l'équipe seconde de l'*Association sportive Française* a battu pour la seconde fois l'équipe première du *Club Athlétique du collège Rollin* par 2 goals à 0. Les deux équipes étaient commandées respectivement par MM. Thévenin (A. S. F.) et Chaignon (C. A. C. R). Il faut ajouter qu'à cause de la pluie, les deux équipes avaient été privées de plusieurs joueurs.

⁂

Jeudi dernier, une équipe mixte du *Standard Athletic Club* et une autre équipe mixte des *Withe Rovers* ont joué à Bécon-les-Bruyères un match d'entraînement qui s'est terminé par la victoire du S. A. C. Le match était arbitré par M. Belfort qui a proclamé la victoire du S. A. C. par 3 buts à 1 aux W. R.

Les équipes étaient ainsi composées :

S. A. C. — But : H. Wynn ; arrières : W. Atrill (capitaine), E. Wynn ; demis : Norris, Naegely, Skypsey ; avants : Hicks, A. Tunmer, Short, Bates, F. Roques.

W. R. — But : Thomas ; arrières : Gox (capitaine), Mac-Bain ; demis : Young, Kirley, Harris ; avants : Roques, Anderson, Smith, J. et S. Wood.

⁂

Club Français contre *Standard Athletique Club.* — Le Club Français a joué dimanche à Bécon-les-Bruyères, sur le terrain du S. A. C. un match fort passionnant. Le public, fort nombreux, a pris un très grand intérêt au jeu et même s'est montré à plusieurs reprises un peu trop turbulent.

Le Club Français prend l'avantage dès le début de la partie et le S. A. C. défend avec peine son but fort menacé. Son arrière fait des prodiges pour arrêter le ballon. Cependant Peltier parvient à marquer un but d'un coup de tête. — Le S. A. C. qui voit lui échapper la vic

Course PARIS-BORDEAUX-PARIS (1,200 kilomètres)

La Voiture à pneus MICHELIN portant le n° 46, partie 41°, arrivée 9°.

La première

voiture

automobile

du monde

munie

de

pneumatiques

La première

voiture

automobile

du monde

munie

de

pneumatiques

Quel cri de stupéfaction, et quels commentaires, lors de la course Paris-Bordeaux-Paris, à l'apparition, parmi les concurrents, d'un quadricycle aux formes de mastodonte, monté sur pneumatiques. Parmi les curieux, cyclistes pour la plupart, des adeptes du pneu ne manquaient guère ; mais tout fiers qu'ils étaient de voir cette infiltration magistrale du Cyclisme dans un Sport nouveau, ils ne pouvaient s'empêcher de taxer de « folie » ce qui n'était que le résultat de la confiance absolue d'un fabricant dans un principe et dans une fabrication longtemps étudiée, chaque jour perfectionnée.

Cent heures après, la démonstration était faite : Les pneus avaient bravement triomphé, résistant sans autres défaillances que celles inhérentes à un premier essai, aux aspérités de la route, aux trépidations d'un moteur puissant aussi bien qu'au poids énorme de la « Voiture Mastodonte ».

La course Paris-Bordeaux-Paris avait donné ses lettres patentes aux Pneus Michelin pour voitures automobiles.

Dès ce moment, l'attention des constructeurs n'a cessé de se porter anxieusement sur les pneumatiques.

La question était pour eux du plus haut intérêt et chaque nouvel essai, chaque preuve nouvelle de résistance du pneu, loin de les laisser insensibles, les enchantait profondément. Et cela se conçoit aisément. Tous leurs efforts, toute leur science, toute leur ingéniosité, jusqu'alors s'étaient trouvés en défaut.

Ils étaient bel et bien enfermés dans un cercle vicieux dont ils ne pouvaient sortir : « Construire d'autant plus résistant, « c'est-à-dire plus lourd, et voir l'importance des chocs en « marche s'accroître d'autant plus que le véhicule est plus « pesant. »

Le succès de l'*automobile Michelin* dans la course fut une véritable lueur pour eux. C'était la solution du problème vainement cherchée jusque-là. Grâce au pneumatique dont les qualités de roulement ne sont plus à vanter, la vitesse allait se trouver considérablement augmentée sans qu'il soit besoin d'accroître la puissance et en même temps le poids du moteur. Et, du même coup, les vibrations et l'ébranlement se trouvant absorbés presque entièrement par les bandages, il n'était plus indispensable de construire aussi résistant, et la voiture y gagnait en poids et en élégance.

Quelques mois à peine nous séparent de cette course qui restera mémorable dans les annales de l'automobilisme, et déjà les constructeurs munissent toutes leurs voitures de pneumatiques.

L'énorme véhicule de 1,500 à 2,000 kilos a pris leçon de l'élégante et légère bicyclette et quel que soit l'avenir réservé aux relations futures des deux Sports (Automobilisme et Cyclisme) par les chinoiseries de Sociétés à Initiales, tous deux, dignes emblèmes d'une époque de progrès à outrance, auront toujours un lien commun : *Le Pneumatique.*

ACROSTICHE

Passant qui regardez l'enseigne

N'allez pas plus loin, mon ami

Entrez donc, que l'on vous renseigne ;

Un pneu ! Le meilleur, c'est ici.

Marchands ou gens de la noblesse

Industriels ou villageois

Chez nous se succédant sans cesse,

Heureux s'en doute, et chaque fois

Enchantés d'avoir fait emplette

Loin d'eux — et ça n'est pas malin,

Ils laissent toute bicyclette

N'ayant pas le « pneu Michelin ».

FIACRES A PNEUMATIQUES

Le Petit Journal, dans son numéro du 11 février dernier, signalait l'apparition, dans les rues de Paris, du premier fiacre à pneumatiques et *Le Temps, Les Débats, La Nature, La France Automobile, Le Vélo,* etc., etc., commentaient en des lignes louangeuses le progrès accompli, consacrant plusieurs colonnes à étudier et faire ressortir le côté vraiment utilitaire de l'innovation, tant au point de vue du bien être et du confortable qu'à celui de l'économie.

Chacun sait, en effet, par expérience, combien l'usage prolongé de la voiture devient une cause d'énervement et de fatigue.

Pour remédier à cet inconvénient, on a bien imaginé de garnir les roues de caoutchouc. Presque toutes les voitures de maîtres en sont munies aujourd'hui; mais, de l'avis de tous, le remède est pire que le mal, et si l'agrément d'un roulement silencieux n'était une cause d'hésitation, on reviendrait vite (d'aucuns y sont déjà revenus) à la roue en fer. Le caoutchouc plein, en effet, n'absorbe qu'une faible partie des vibrations qu'il rend plus saccadées et plus désagréables.

Après les immenses services rendus par le pneumatique à un Sport, qui lui doit en partie son essor, et qui est de toutes les classes, le vœu de chacun était de jouir sur sa voiture des grandes qualités de souplesse du pneumatique. Mais pourrait-on utiliser ce ressort idéal qu'est l'air comprimé pour l'usage de la voiture ? Le poids du véhicule ne serait-il pas un obstacle insurmontable ?

La réponse ne s'est pas fait attendre longtemps. Après quelques tâtonnements inévitables, la maison Michelin a produit des bandages pneumatiques qui parcourent la France depuis bientôt un an, sous le poids d'une automobile de 1.200 kilogrammes, affrontant, sans défaillance, bonnes et mauvaises routes.

Et il s'est trouvé que le pneumatique, *loin d'être un article de luxe très coûteux, est, au contraire, le bandage économique par excellence,* à ce point que de simples fiacres circulent aujourd'hui dans Paris, munis de pneumatiques. Si les loueurs de fiacre, en effet, ont devancé la mode, en les adaptant les premiers à leurs voitures, ce n'est certes pas pour nous faire profiter d'un confort auquel ils ne nous ont guère habitués, mais par mesure d'économie ; *économie du cheval,* par suite d'une diminution considérable dans le tirage ; *économie de la voiture,* par suite de la suppression totale des trépidations qui disloquent les roues et les jointures, nécessitant des réparations très coûteuses et souvent répétées.

En descendant d'un coupé à pneumatiques, quelqu'un l'a baptisé d'un mot plaisant et juste : *Un salon à roulettes.* Le mot dans sa drôlerie exprime très exactement la douceur du roulement. On ne se sent réellement pas rouler ; pavés, croisement de rails passent inaperçus, sans choc, sans heurts et sur n'importe quel sol la conversation se continue sans fatigue, sans qu'on soit obligé d'élever la voix plus que dans un salon.

PICKPOKETAGE

Élève cycliste à professeur. — *Dites donc, vous m'aviez affirmé qu'en 12 leçons d'une heure je saurais très bien monter, ça n'en a pas l'air.*

professeur. — *C'est vrai, mais vous avez passé la moitié de votre temps par terre.*

(Tit Bits.)

Cycloman a cyclovoman. — *Mademoiselle, je vous suivrai jusqu'au bout du monde.*

— *Vous ne feriez pas cela !*

— *Pourquoi ?*

— *Parce que je ne vais pas jusque-là.*

(Ansmers.)

CHRONIQUE D'ESCRIME

EMILE MÉRIGNAC

... cours d'escrime (son fréquent ... est noir), mon ... littéraire, Emile Méri-... Le plus charmant des maîtres parisiens. La ci-contre héliographie prise à un petit le-... lors que sa barbe et ses che-veux n'avaient pas acquis encore leur harmonie célèbre, lui prête un air ennuyé un peu : on dirait qu'il doit tirer tout à l'heure en ... Ce professeur d'escrime a ... pour l'escrime de déli-... sourires ironiques d'ama-... (encore qu'il accomplisse ça et là des passes beaucoup plus honorables) il laisse son frère... Il regarde, approuve, sou-... et surtout enseigne. Sa salle, rue Monsieur-le-Prince regorge de très remarquables élèves, et les ... suivant ses leçons triom-phent souvent au concours an-nuel des lycées.

On ne saurait parler, même si brièvement de ce Barrès de l'es-crime (l'auteur de « Un homme libre » est peut-être l'E. Mérignac de la littérature !) sans citer le joli talent, la grâce infinie, la distinction intellectuelle, de Mme Emile Mé-rignac.

**

Le Tournoi du *Figaro* :

On s'est étonné un peu que certains amateurs *réputés* de France refusent de prendre part au tournoi splendide du *Figaro* alors que leurs collègues d'Italie font si peu de façons pour se mesurer entre eux et contre tout venant à Rome, Milan, Venise, Florence, Naples.

Voici à ce sujet une lettre écrite à notre confrère l'*Escrime Française* par M. Vavasseur.

9 mars 96.

« J'ai été l'un des promoteurs de l'abstention de la Société « l'Escrime Française » au concours international du *Figaro* pour les raisons suivantes :

« 1° Le concours ne pourra donner aucun résultat sérieux au point de vue technique, le seul qui nous intéresse. Ou-tre de nombreuses difficultés matérielles trop longues à exposer ici, le *Figaro* trouvera fort peu d'adhésions parmi les principaux professeurs et amateurs de Paris, ceci en raison de l'importance dérisoire donnée dans ce journal à la chronique des armes. Les premiers tireurs de Paris s'abs-tenant de répondre à l'appel du *Figaro*, les résultats du concours organisé par ce journal manqueront de la consé-cration nécessaire.

« 2° Les Sociétés d'Escrime que le *Figaro* a choisies pour élaborer le programme du tournoi ne pourront y travailler de concert, parce que ne poursuivant pas le même but il leur est impossible de suivre la même voie.

« 3° Des Sociétés de ce genre peuvent et doivent s'assurer le concours de la presse, mais non point marcher sous la bannière d'un journal, ce journal fût-il le *Figaro*.

« Ce sont les objections principales que j'ai faites à M. Pé-rivier quand il m'a invité à m'occuper de ce concours et qui m'ont déterminé à lui adresser ma démission comme membre de la sous-commission du tournoi. »

F. VAVASSEUR.

Après avoir en mainte occasion, opiné exactement comme M. Vavasseur, nous sommes cette fois d'un avis contraire au sien. Nous estimons en effet que ce tournoi, par les com-paraisons multiples qu'il incitera entre les diverses méthodes, armes et tireurs, donnera des résultats fort sérieux au point de vue technique. Le *Figaro* trouve des adhésions nombreuses parmi les principaux amateurs de Paris, car les pontifes, les *impec-cables*, ne sauraient être consi-dérés comme les *principaux ama-teurs* parisiens ; très applaudis en des assauts de dix minutes, pour quelques beaux coups sur un ad-versaire longuement étudié à l'a-vance, ils risqueraient fort de moins briller à des assauts-combats, en trois coups de bouton, avec un jury empêchant la *carotte*. Comme elles s'effondreraient les réputa-tions des *jeux de dentelle* si on osait les engager !

Puis le comité de la sympa-thique Société « l'Escrime Fran-çaise » a-t-il le droit d'interdire aux autres membres actifs de tirer à cette magnifique séance ? Certains se passeront bien de la permission.

D'autant plus que le grand pu-blic prendra toute abstention pour la crainte de perdre en une épreuve sérieuse une réputation usurpée.

Tout ceci dit d'ailleurs, au point de vue général, et sans faire de personnalités.

Il est étrange vraiment qu'à un instant où tous maîtres se plaignent de la concurrente bicyclette, une séance devant jeter tant de lumière sur le NOBLE SPORT rencontre de l'oppo-sition, parmi des escrimeurs !

**

Samedi dernier, assaut annuel de la salle Briqueles sous la présidence de MM. Tavernier. Dans la salle MM. colonel Dérué, d'Harcourt, notre aimable confrère du *Temps* Conte, Casella, Perrée, etc., etc.

L'attrait p.incipal était le début en public de Rossignol, le sergent de Joinville dont j'ai signalé ici les surprenants moyens et la très belle passe contre Pini au cercle de la rue Taitbout.

Certes Rossignol promet énormément, et si d'intelligentes influences l'envolent à un régiment parisien il pourra porter bien haut le fanion de l'escrime militaire, mais quoique déjà sa force soit grande, il a encore beaucoup à faire.

Son allonge est rapide, mais dure, saccadée et manque de ce moelleux de ce « quand il n'y en a plus il y en a encore » que l'on admire chez d'autres ; la défensive est excessivement rapide (l'émotion du début l'a rendue folle), les ripostes en-voyées comme des coups de poignard, en raccourci, arrivent assez vite. La garde est beaucoup trop étendue ; la science semble assez ordinaire et le sang froid fut, samedi, complète-ment annulé par le trac. Beaucoup plus entraîné, certes que Briqueler il a souvent échoué par excès de vitesse dans l'attaque et la parade contre le calme, l'expérience de celui-ci ; sur la moindre feinte il roulait huit à dix contres vertigi-neux, partait à fond dans toutes les invites sans se loger, redoublait, remisait au petit bonheur ! Certes le désir intense de réussir quand même un brillant assaut (car étaient pré-sents de *grosses légumes* capables d'influencer les décisions supérieures, de le faire rester à Paris) lui égara complètement la tête, et c'est son excuse.

Mais quand cette rare virtuosité sera guidée par plus de science, de calme, par une plus grande connaissance des armes, Rossignol, superbe déjà, sera merveilleux. MM. les officiers supérieurs de Joinville doivent à l'intérêt de l'es-crime de faire désigner cet exécutant de tant d'avenir pour un régiment parisien.

J.-JOSEPH RENAUD.

PROFESSIONNALISME

Nous confions à notre nouveau collaborateur M. Guy Manoff, la rubrique « Professionalisme » au lieu et place de M. Geo appelé à d'autres fonctions.

UNION ATHLÉTIQUE DE FRANCE

C'est dimanche prochain 22 mars que doit se courir le Championnat de cross-country de l'Union athlétique de France, la nouvelle fédération de Sociétés indépendantes de sports athlétiques.

Cette épreuve promet d'être très intéressante en raison du nombre et de la qualité des coureurs engagés.

Chaque Société unioniste sera représentée par ses meilleurs champions et la première place sera certainement très disputée.

Les 6 premiers de chaque Société compteront seuls pour le classement par équipes.

Nous ne pouvons que féliciter la nouvelle fédération des efforts qu'elle fait pour grouper les Sociétés indépendantes de Sports athlétiques, et lui souhaiter longue vie et prospérité.

Guy Manoff.

L' *Etoile Parisienne* a donné dimanche sur son terrain une réunion des plus intéressantes et dont voici les résultats.

100 mètres. — Séris I : 1. Cottard (8) ; Handicap. 2. Mathlin (4).

Non placés : Regnier (o) ; Allaire (8).

Série II : 1. Barrau (4) ; 2. Gemin (o).

Non placés : Neyraguet (8) ; Bouret (8).

Finale : 1. Barrau (4) ; 2. Cottard (8) ; 3. Mathlin (4) ; 4. Gennin (o).

Saut en longueur avec élan : 1. Allaire 4m.35 ; 2. Mathlin 4m.25 ; 3. Cottard 4m.15.

Saut en longueur sans élan : 1. Allaire et Gemin *dead heat*, 2 m. 60 ; 2. Tible 2 m. 55 ; 3. Cottard et Mathlin *dead heat*, 2 m. 80.

400 mètres (scratch). — 1. Mathlin ; 2. Regnier ; 3. Neyraguet ; 4. Cottard.

Les autres n'ont pas fini le parcours.

2.500 mètres (scratch). — 1. Mathlin ; 2. Regnier ; 3. Cottard.

Les autres n'ont pas terminé.

Après les courses très intéressante partie de foot ball rugby.

L'équipe Tible a gagné par 14 points contre 3 à l'équipe Regnier.

Guy-Manoff.

ÉCHOS DU PATIN

Johnson, le grand coureur cycliste américain, qui vient d'arriver en Europe, est en même temps un patineur si remarquable.

Non, content de ses records à bicyclette, il détient en même temps plusieurs records de patinage.

Professionnel en vélocipédie depuis l'année dernière, Johnson perd par cela même sa qualité d'amateur dans tous les autres sports.

Jaap Eden le fameux amateur hollandais, champion du monde de patinage, est à Paris depuis quelques jours.

Voici quelques renseignements sur lui, dû en grande partie à notre confrère *Paris-Vélo*.

Jaap J. Eden est né le 19 octobre 1873, à Grôningue (Hollande) ; il a donc vingt-deux ans et demi.

De taille un peu au-dessus de la moyenne (1 m. 75 environ), solide d'aspect, bien que mince et élancé, Eden est blond, très blond ; le teint de la peau est bien celui des hommes du Nord, de race saxonne.

Il se fit tout d'abord connaître comme patineur, et c'est de sa carrière dans ce genre de sport que nous parlerons ici : il débuta en 1890 ; gagna en 1893 le championnat du monde qui se courut à Amsterdam ; en 1894, il faisait dead-heat, à Stockholm, avec Halversen, mais, champion de l'année précédente, il retint seul le titre. En 1895, il remportait la même épreuve à Hamar (Norvège) ; enfin cette année, il récolta tous les championnats, sur toutes distances, à Saint-Pétersbourg.

Les pricipaux records du monde du patin lui appartiennent, entr'autres ceux du mille en 2'34" et des 10 kilomètres en 17'56".

Nous ne tenons compte, bien entendu, que des temps faits sur piste régulière et non de ceux qui ont été établis en ligne droite, avec le vent dans le dos.

Toujours beaucoup de monde au Pôle-Nord. La fête de nuit de jeudi a obtenu un grand succès, et ceux qui se sont dérangés — inutile de dire qu'ils étaient nombreux — pour s'y rendre n'ont pas regretté leur soirée.

D'ailleurs, nous n'en avons plus pour bien longtemps à patiner, et c'est pourquoi les adeptes de notre sport profitent des dernières semaines qui leur restent.

O'S Kating.

Inventions Nouvelles

Les Brevets dont nous donnons la description étant presque tous d'origine étrangère, se rapportent à des inventions qui, pour la plupart, ne sont pas brevetées en France. Nos lecteurs, et principalement les industriels, pourront presque toujours en faire leur profit, après s'être assurés toutefois qu'il n'existe aucun brevet français correspondant à l'invention qui les intéresse.

PÉDALE A VENTOUSE
PAR MM. HARRIS ET REED

Les inventeurs de cette nouvelle pédale se sont proposés de supprimer les cale-pieds actuellement employés pour maintenir les pieds du vélocipédiste sur les pédales et de les remplacer par un autre organe qui maintienne mieux le pied dans tous les sens et le rende absolument solidaire de la pédale.

A cet effet ils fixent de chaque côté de la pédale une ventouse en caoutchouc semblable à celles employées pour les bougeoirs pneumatiques. On comprend facilement qu'en appuyant le plat de la semelle sur une des ventouses l'air qu'elle contient est en partie chassé et la pression atmosphérique produit l'adhérence.

Les ventouses sont fixées sur la pédale au moyen de vis et de telle sorte qu'on peut facilement les démonter lorsqu'on ne veut pas s'en servir.

MARILLIER ET ROBELET

Office pour l'obtention des Brevets d'invention en France et à l'Etranger.

42, boulevard Bonne-Nouvelle, Paris

A. Léveillé. — 3, rue Maubée, Bordeaux.

R. Merlateau. — Recevrez cette semaine. — Oubliez d'adresser correspondance.

A. C., Angoulême. — Le vin Moisan, rue d'Angoulême, 65, rien au-dessus.

Sonnet. — Le Have. — Composé malheureusement pris par le temps, ce n° tire à 66,000 demande 5 jours.

Virgile Rodmon. — Envoyez adresse.

R. A. B. X. — Oui.

FIACRES A PNEUS
NE PRENEZ QUE DES FIACRES A PNEUS
DES FIACRES A PNEUS
MICHELIN
LE ROI
LE GRAND SOLEIL
DESSÈCHE LES PLUS BEAUX
RAISINS
MICHELIN
FIACRES A PNEUS